FACULTÉ DE DROIT DE PARIS

DE LA
COMPLICITÉ
ET DU RECEL
EN DROIT ROMAIN ET EN DROIT FRANÇAIS

THÈSE POUR LE DOCTORAT

PAR

Horace SEBASTIANI

AVOCAT

PARIS

LIBRAIRIE NOUVELLE DE DROIT ET DE JURISPRUDENCE

ARTHUR ROUSSEAU, ÉDITEUR

14, RUE SOUFFLOT ET RUE TOULLIER, 13

1894

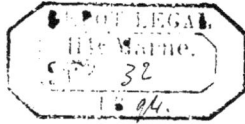

THÈSE

POUR LE DOCTORAT

DE LA

COMPLICITÉ

ET DU RECEL

EN DROIT ROMAIN ET EN DROIT FRANÇAIS

THÈSE POUR LE DOCTORAT

L'ACTE PUBLIC SUR LES MATIÈRES CI-APRÈS

Sera soutenu le samedi 17 février 1894, à 1 heure.

PAR

Horace SEBASTIANI

AVOCAT

Président : M. Henry MICHEL.

Suffragants : MM. BEAUREGARD,
GIRARD,
CUQ, *agrégé.*
} *professeurs.*

PARIS

LIBRAIRIE NOUVELLE DE DROIT ET DE JURISPRUDENCE

ARTHUR ROUSSEAU, ÉDITEUR

14, RUE SOUFFLOT ET RUE TOULLIER, 13

1894

A MON PÈRE ET A MA MÈRE

A MES ONCLES

MM. Arthur DESJARDINS et Albert DESJARDINS
MEMBRES DE L'INSTITUT

DROIT ROMAIN

DE LA COMPLICITÉ ET DU RECEL

INTRODUCTION

Dans les Sociétés primitives, lorsqu'un fait illicite vient à être commis, l'homme se venge lui-même.

Aussi, la punition du coupable est-elle subordonnée au degré de ressentiment de la victime.

A l'origine, le système de la vengeance privée existe à Rome. Puis, il n'est admis que dans quelques cas exceptionnels ; dans les autres, la victime doit se contenter d'une rançon.

Un nouveau progrès ne tarde pas à s'accomplir. Lorsque le tort consiste en une atteinte à la propriété, le coupable se voit obligé de payer deux ou trois fois la valeur de la chose. Dans ce cas, la peine a tout à la fois le caractère d'une indemnité et celui d'une amende : c'est, en effet, à la victime même que le délinquant devra payer deux ou trois fois la valeur de la chose.

1

Ainsi, la vengeance exercée par la victime contre le délinquant est remplacée par le paiement du double ou du triple de la valeur de la chose.

Celui qui commet un fait illicite, par exemple un *furtum*, est donc assimilé au débiteur qui ne paie pas sa dette. Débiteur et voleur sont frappés d'une peine. Il n'en est pas de même dans notre législation où l'idée de peine, en droit civil, n'existe pas même pour les délits. Remarquons, qu'en droit romain, il n'est pas nécessaire pour qu'il y ait *furtum* qu'un objet ait été soustrait. Celui qui s'empare d'un animal fugitif ou celui qui, détenteur d'une chose, veut se l'approprier contre le gré du propriétaire commet un *furtum* et est passible de l'*actio furti*.

Puisque nous sommes amené à parler du *furtum*, nous ferons observer que, dans la plupart des cas, il était considéré comme délit privé. Il y a toutefois quelques exceptions. C'est ainsi que le voleur qui profite de l'obscurité de la nuit pour couper la récolte d'autrui commet un délit public.

La loi des Douze Tables distinguait deux sortes de vol : le vol manifeste, lorsque le voleur est pris sur le fait, et le vol non manifeste.

En cas de vol manifeste, le volé a le droit de tuer le voleur si ce délit a été commis la nuit ou en plein jour à main armée.

Le volé peut aussi intenter l'*actio furti manifesti* et, dans ce cas, le voleur doit être attribué (*addictus*) au volé.

Le vol non manifeste n'est puni que de la peine du double.

Pourquoi la loi des Douze Tables a-t-elle mis cette dif-férence entre le voleur manifeste et le voleur non mani-feste ?

C'est que l'un s'est heurté contre l'emportement et l'impétuosité du premier sentiment, tandis que l'autre profite de l'influence apaisante du temps et de la joie du propriétaire de retrouver une chose qu'il devait déjà plus ou moins considérer comme perdue (1).....

La peine, dit M. Dareste, se substituait à la vengean-ce privée et, dès lors, elle avait dû se mesurer moins à la culpabilité de l'agent qu'au ressentiment de la victime.

On ne sait rien d'absolument certain sur la législa-tion romaine à l'époque royale.

Les auteurs sont divisés. Les uns sont d'avis que le pouvoir législatif était confié au peuple réuni en Comices par curies. Le roi, disent-ils, avec l'assentiment du Sé-nat soumettait aux Comices les projets de loi.

D'autres pensent, au contraire, qu'à l'époque royale, aucune loi n'était soumise au vote des Comices et que le droit était exclusivement coutumier.

Quoi qu'il en soit, Pomponius nous apprend, qu'après l'expulsion des rois, les lois curiates ne furent presque plus appliquées et qu'elles furent remplacées par la cou-

(1) Voy. de Ihering, *Esprit du droit romain*, traduction de M. Meu-lenaere, tome 1, page 129.

tume ou par le droit arbitrairement établi par les ponti-
fes ou par les consuls.

Ce fut pour faire cesser cet arbitraire, qu'à la suite
des protestations des plébéiens contre les abus de pouvoir des consuls, on institua les décemvirs qui reçurent
la mission de corriger les lois de l'époque royale qui
étaient tombées en désuétude et d'en rédiger de nouvelles.

Les décemvirs furent chargés, dit Pomponius, de
civitatem fundare legibus.

Le loi des Douze Tables eut pour but de doter la cité
de lois immuables, destinées à protéger tous les citoyens
et applicables aussi bien aux plébéiens qu'aux patriciens.

C'est donc avec raison que Tite-Live l'a désignée par
le nom de *fons omnis publici privatique juris.*

La loi des Douze Tables, unique essai de codification
avant Justinien, dit M. Accarias dans son *Précis du Droit
romain*, réglait l'ensemble du droit privé et du droit
public.

Cette loi qui avait pour but de protéger tous les citoyens, aussi bien les plébéiens que les patriciens, posait
en même temps des limites au pouvoir arbitraire des
magistrats. C'est ainsi qu'elle reconnaissait aux citoyens
le droit de légitime défense, en cas de vol nocturne ou
en plein jour à main armée.

C'est ainsi encore que cette loi fixait d'une manière
invariable la peine encourue par ceux qui s'étaient rendus coupables de crimes ou de délits, par exemple de

vol manifeste, de vol non manifeste, d'homicide ou d'incendie.

C'est donc sans doute de l'époque de la loi des Douze Tables que date la fondation à Rome d'une théorie de Droit criminel et, par suite, d'une théorie véritable de la complicité. Il est possible, en effet, qu'à l'époque primitive de la législation romaine, les peines aient été indéterminées. Les *Cives romani*, réunis en Comices, semblent avoir été d'abord seuls chargés de réprimer les délits publics.

Un crime venait-il à être commis, les accusés comparaissaient devant les Comices, Le peuple examinait la cause. Il était en même temps juge et législateur, et les auteurs principaux aussi bien que les complices pouvaient chaque fois être condamnés à des peines différentes suivant les faits et les circonstances de chaque nouvelle accusation. Ainsi, la loi des Douze Tables fixe, dans un grand nombre de cas d'une manière invariable, la peine qu'encourent les délinquants.

Cette loi contient également sans aucun doute des dispositions relatives au recel. Nous trouvons, en effet, dans la loi des Douze Tables, les actions *furti concepti* et *furti oblati* qui sont données au triple, la première contre tout individu chez lequel un objet volé a été trouvé à la suite de recherches faites en présence de témoins, la seconde contre celui qui, connaissant la provenance de l'objet, l'a apporté dans la maison du recéleur au cas où celui-ci est de bonne foi, c'est-à-dire ignore la provenance frauduleuse de l'objet.

Remarquons que dans les expressions *furtum conceptum* et *furtum oblatum*, le mot *furtum*, comme l'a dit Gaius, et contrairement à ce que soutient le jurisconsulte Paul, ne veut pas dire vol, mais objet volé :

Ce serait donc à tort que l'on verrait dans le *furtum conceptum* et dans le *furtum oblatum* deux espèces de vol qui devraient être ajoutées au *furtum manifestum* et au *furtum nec manifestum*.

Non seulement la loi des Douze Tables contient des dispositions relatives aux recéleurs, mais l'on y trouve encore une disposition spéciale aux complices. Cicéron nous a conservé la formule d'une action conçue en ces termes (*De natura deor*, III, 30) « *ope consilioque tuo furtum aio factum esse* ». En rapprochant la formule de cette action de celle que nous trouvons dans Gaius IV, 37..... : « *Si paret... (ope) consilio (ve)* Dibonis, Hermaei (?) *filii, furtum factum esse pateræ aureæ, quam ob rem eum si civis Romanus esset pro fine damnum decidere oporteret,* on reconnaît dans la première la forme d'une action de la loi, et dans la seconde la modification que cette action a subie sous le système de la procédure formulaire.

Bien qu'aucun texte ne nous apprenne sur quelle loi repose cette action, elle nous paraît dériver de la loi des Douze Tables. Quoiqu'il en soit, la disposition concernant les complices remonte certainement à une loi très ancienne ; ce qui le prouve c'est la réunion des deux mots *ope, consilio* ; dans le texte original de la loi, ces mots ne se trouvaient séparés par aucune particule conjonctive ou disjonctive. Et, il est bon de remarquer que dans la loi des Douze Tables on rencontre de nombreux exemples de cet usage.

Y a-t-il bien là une action particulière contre les complices ? Ce point a fait l'objet de controverses. Si l'on en croit certains auteurs, la formule que nous trouvons dans Gaius s'appliquerait au vol non manifeste. Nous croyons que le manuscrit contient ici une lacune. Il nous paraît difficile d'admettre que le simple conseil ait jamais suffi pour constituer un *furtum*. Gaius établit en effet une distinction entre celui *cujus ope consilio furtum factum est* et celui qui a commis le vol (1).

La loi des Douze Tables semble donc avoir contenu une disposition relative à la complicité.

Les Comices restèrent chargés du soin de rendre la justice jusqu'à l'établissement des *Quæstiones perpetuæ*.

Il est vrai que les Comices, au lieu de juger eux-mêmes, avaient fini par déléguer leurs pouvoirs à des commissions spéciales, mais ces délégations avaient un caractère absolument temporaire puisqu'elles étaient renouvelées chaque fois qu'un nouveau crime était commis.

A cette époque, le peuple qui ne pouvait pas s'occu-

(1) Voy. M. Cuq, *Institutions juridiques des Romains*, p. 342 (note 7).

per de l'instruction préliminaire des procédures criminelles, confiait ce soin à des particuliers désignés sous
le nom de *Quæstores* ou *Quæsitores*. Les *Quæstores* n'é-
taient pas des magistrats permanents. Leur mission
finissait avec le jugement du crime.

Parfois, on confiait aux *Quæstores* le droit de prononcer la peine, d'autres fois, ils étaient seulement
chargés de l'instruction.

Des *Quæstores* permanents qui avaient pour mission
de prononcer sur les *Quæstiones repetundarum*, en d'autres termes de juger les magistrats auxquels on repro-
chait d'avoir extorqué de l'argent aux particuliers,
furent institués en l'an 605 par la loi Calpurnia.

Ce genre de *Quæstores* fut étendu à un grand nombre
de cas sans toutefois faire disparaître complètement les
autres juridictions criminelles, car elles n'avaient lieu
qu'à Rome ou dans un mille autour de Rome (1).

Les *Quæstiones perpetuæ* furent confiées à des pré-
teurs qui, suivant la nature des procès qu'ils avaient à
examiner, furent désignés sous les noms de *Quæstores
repetundarum quæstores parricidii* (etc.).

Les *quæstiones perpetuæ* durèrent jusqu'au IIIᵉ siècle
de l'ère chrétienne, mais les Empereurs, qui se méfiaient
de l'indépendance de ces commissions permanentes,
restreignirent autant que possible les infractions qui devaient être jugées par les *quæstores* et confièrent le soin

(1) Voy. De Fresquet, *Traité élémentaire de Droit romain*, page 88.

de réprimer la plupart des crimes et des délits au Sénat, aux préfets du prétoire et au *præfectus urbi*. Dans certains cas, l'empereur jugeait lui-même les crimes graves. A côté du *præfectus urbi*, qui prononçait des peines telles que l'amende et la relégation, mais qui avait même quelquefois le droit de prononcer une condamnation capitale, était placé le *præfectus vigilum* qui était chargé de punir les incendiaires et les voleurs avec effraction.

Au point de vue de la complicité, la loi romaine offre, disent MM. Chauveau et Faustin-Hélie (*Théorie du Code pénal*, page 426), un dédale presque inextricable de dispositions que les immenses travaux des jurisconsultes n'ont point complètement éclaircies ; l'interprétation de ces textes souvent obscurs, contradictoires quelquefois, a partagé les écoles et produit des luttes parmi les commentateurs. Cependant un principe qui domine la législation romaine, c'est l'assimilation des auteurs principaux (*rei*) et des complices (*participes vel socii*) ; la même peine les atteint.

Ainsi, l'examen des textes romains nous apprend que le principe adopté dans la plupart des cas en matière de complicité, était celui de l'assimilation complète du complice à l'auteur principal.

Ce principe se retrouve dans les lois de Manou, dans la loi Hébraïque, dans la loi grecque, dans notre ancien droit et dans notre droit actuel. Un grand nombre de législations étrangères repoussent, au contraire, cette assimilation.

Le principe de l'assimilation est nettement posé par le jurisconsulte Paul dans ses Sentences.

Ce jurisconsulte nous montre ceux qui participent à l'acte coupable *ope* et *consilio*, c'est-à-dire les complices passibles de l'*actio furti* au même titre que ceux qui *furtum fecerunt*.

Non tantum qui furtum fecerit, sed etiam is cujus ope aut consilio factum fuerit, furti actio tenebitur, dit en effet ce jurisconsulte (Pauli Sententiæ, lib. II, t. XXXI, *De Furtis* § 10).

Les mots *ope aut consilio* dont se sert le jurisconsulte Paul, nous montrent qu'il y avait à Rome deux sortes de complicité, la complicité morale ou intellectuelle (*consilium*) et la complicité physique ou matérielle (*ops*).

Nous verrons, au cours de cette thèse, qu'il existait encore une autre sorte de complicité, la complicité par recel.

CHAPITRE PREMIER

COMPLICITÉ MORALE OU INTELLECTUELLE.

Complicité par conseil.

Existe-t-il en droit romain une complicité par conseil?

Telle est l'importante question que nous avons à examiner.

En droit français, il n'existe pas, à proprement parler, de complicité par conseil.

Dans notre droit, pour être répréhensible au point de vue pénal, le conseil doit être accompagné de machinations ou artifices coupables, de dons ou de promesses ou d'instructions données pour commettre le crime.

En est-il de même en droit romain?

Nous ne le croyons pas, bien que cette opinion soit celle d'un grand nombre d'auteurs modernes.

Nous pensons, au contraire avec Cujas et Pothier, qu'en droit romain, contrairement à ce qui existe dans notre droit français, le conseil à lui seul suffit pour constituer la complicité.

Le conseil en droit romain est ainsi défini : *Consilium dare videtur qui persuadet, et impellit, atque instituit consilio ad furtum faciendum* (50, § 2, D. *De furtis*).

Expliquant cette définition, nous dirons que *persua-
dere* signifie l'action lente d'une volonté qui parvient à
force d'adresse à faire faire ce qu'elle veut ; qu'*impellere*
désigne toute excitation violente ; enfin qu'*instruere consilio* signifie donner tous les renseignements nécessaires.

Nous croyons toutefois qu'il ne faudrait plus ranger
au nombre de ces renseignements ce que Vinnius ap-
pelle *simplex suasio seu monitio*, c'est-à-dire que nous
pensons que le fait d'apprendre à une autre personne
qu'il y a à tel endroit, tel ou tel crime à commettre ne
saurait constituer véritablement une complicité si blâmable qu'un semblable acte puisse être au point de vue
moral.

Ainsi, nous sommes d'avis, qu'en droit romain, le
simple conseil, en l'absence de toute participation directe au crime constitue bien la complicité.

Ce point est cependant loin d'être admis par tous les
auteurs.

Un certain nombre d'entre eux prétendent que pour
qu'il y ait complicité deux conditions sont exigées :

1° Le conseil ; 2° un acte matériel d'assistance.

Pour nous, au contraire, nous voyons deux sortes de
complicité, la complicité (*ope*) c'est-à-dire la complicité
physique et la complicité (*consilio*) c'est-à-dire la complicité morale.

Nous trouvons, en effet, au Digeste un grand nombre
de textes dans lesquels nous voyons les mots *ops consilium* séparés par les disjonctives, *vel, aut.*

Cet argument nous semble absolument probant.

Quant à la loi 53, 2, D. *De verb. signif.* LXVI Paul qu'invoquent nos adversaires pour démontrer leur système, nous allons voir que l'explication qu'ils donnent de ce texte est loin d'être la plus vraisemblable.

Dans la première partie de ce texte que nos adversaires ont cru devoir laisser de côté, le jurisconsulte Paul nous dit qu'il y a deux manières d'entendre les mots *ope consilio*, et il se demande quelle est celle de ces deux solutions qu'il faut adopter.

Il opte pour la seconde qui était celle que préférait Labéon :

« *Item dubitatum, illa verba, ope consilio, quemadmodum accipienda sunt sententiæ conjungentium aut separatim ? Sed verius est, quod Labeo ait, separatim accipienda, quia aliud factum est ejus, qui ope, aliud ejus, qui consilio furtum facit* ».

Voilà qui semblerait donner entièrement raison à notre système, mais nos adversaires se fondent sur la seconde partie du texte : « *et sane post veterum auctoritatem eo perventum est* ut nemo ope videatur fecisse, nisi et consilium malignum habuerit : *nec consilium habuisse noceat, nisi et factum secutum fuerit* ».

Les mots que nous avons soulignés dans cette seconde partie du texte de Paul ont fait dire à nos adversaires que le jurisconsulte jugeait utile, pour qu'il y ait complicité, la réunion de l'*ops* et du *consilium*.

Nous croyons qu'il faut donner une autre interprétation de ce texte. Pour nous, le mot *consilium* n'a pas, dans la seconde partie du texte de Paul, le même sens que celui qu'il avait dans la première partie.

Tout à l'heure le jurisconsulte distinguait deux sortes de complicité : il désignait l'une par le mot *consilium*, l'autre par le mot *ops*.

Dans la seconde partie du texte, examinant seulement l'une de ces complicités, la complicité matérielle, l'*ops*, il nous dit que cette complicité ne saurait exister sans le *consilium malignum*, c'est-à-dire sans l'intention mauvaise, autrement dit sans la volonté de nuire. Les mots *ope consilio* peuvent se traduire : aide donnée avec intention (1).

Le *consilium* pris dans le sens de conseil, dans le cas bien entendu où celui auquel le conseil avait été donné, aurait commis le délit, constituait-il un acte de complicité punissable ?

L'affirmative était sans doute, si l'on en croit Ulpien, l'opinion à laquelle se rangeaient les jurisconsultes de l'époque classique.

Ulpien dit, en effet, à propos de vol, que celui qui a conseillé de voler est en faute, dans le cas où il y a eu de la part du voleur *contrectatio rei*, c'est-à-dire soustraction ou déplacement d'une chose.

Il est bon de remarquer ici que la tentative de vol n'étant pas punie en droit romain, le complice d'une tentative de vol sera à l'abri de toutes poursuites.

(1) Voy. Albert Desjardins, *Traité du vol*, page 182.

Il n'en est pas de même dans notre droit où, par suite de la combinaison des articles 2, 3, 59 et 60 du Code pénal, on est amené à décider que le complice d'un vol tenté, mais non exécuté est punissable, pourvu que la tentative de vol ait manqué son effet par des circonstances indépendantes de la volonté de son auteur.

Ainsi, la réunion de l'*ops* et du *consilium* n'était pas exigée en droit romain pour qu'il y eût une complicité punissable.

Les auteurs qui sont d'avis qu'il n'y avait pas à Rome de complicité par conseil, si ce conseil n'était pas accompagné d'un acte matériel d'assistance, présentent encore un autre argument.

Ils invoquent un texte des Instituts traitant de l'assistance matérielle et se terminant ainsi :

Qui nullam opem ad furtum faciendum adhibuit, sed tantum consilium dedit, atque hortatus est ad furtum faciendum non tenetur furti.

Ainsi, d'après ce texte, celui qui n'a fourni aucune aide pour commettre le vol, qui a seulement donné un conseil et exhorté à voler n'est pas tenu *furti*.

Faut-il dire avec quelques auteurs que si le *consilium* dans le cas prévu aux Instituts n'est pas punissable, cela tient uniquement à ce que celui auquel le conseil a été donné ne l'a pas mis à exécution et que nos pensées, lorsqu'elles ne se manifestent pas par des actes extérieurs échappent à toute répression ? Faut-il croire avec Vinnius que la règle posée aux Instituts est faite pour un avis indéterminé, donné à une personne qui se plaint de sa pauvreté? Nous ne le croyons pas. Nous pensons, au contraire, que c'est là une innovation de Justinien. Nous croyons que Justinien, tout en décidant dans ce sens, a rapporté des textes conçus dans un autre esprit.

Il peut se faire que la confusion produite par le double sens du mot *consilium* ait empêché l'Empereur de s'apercevoir de son innovation et qu'elle lui ait fait penser qu'il reproduisait simplement une doctrine ancienne et unanime (1).

M. Accarias est d'avis que les Instituts veulent simplement dire qu'un simple conseil ne suffit jamais pour constituer une complicité véritable.

Il cite deux exemples à l'appui de son opinion : Si vous avez conseillé à un esclave de prendre la fuite et qu'il vous ait écouté, vous ne serez pas tenu de l'action *furti*. Mais, si ce conseil a eu pour objet de servir les projets d'un tiers qui voulait s'emparer de l'esclave et qui s'en est effectivement emparé, vous serez alors tenu de cette action (2).

Nous avons vu précédemment que le jurisconsulte Paul décidait qu'il ne saurait y avoir de complicité punissable donnant lieu, en cas de vol, à l'action *furti* sans l'intention mauvaise, sans la connaissance du fait auquel on concourt, qu'en un mot, l'acte matériel à lui seul ne suffisait pas.

(1) Voy. Albert Desjardins, *Traité du vol*, § 191, *in fine*.
(2) Voy. Accarias, *Précis de Droit romain*, tome II, § 670 (note 1).

Toutefois, jusqu'à l'époque classique on trouve des auteurs qui n'exigent pas cette intention. C'est ainsi que Pomponius dit que l'on peut agir *furti* contre celui qui a donné la chasse à un paon échappé, dans le cas ou un tiers est venu à s'emparer de ce paon, et cela alors même qu'il n'aurait eu aucunement l'intention de favoriser le délit commis par ce tiers.

Néanmoins, l'opinion du jurisconsulte Paul, exigeant l'intention mauvaise, était bien celle de la doctrine romaine.

Complicité par mandat.

En premier lieu, nous devons faire remarquer qu'il ne saurait y avoir aucune ressemblance entre le mandat civil et le mandat criminel.

Il ne faut pas perdre de vue que si le mandat civil est une convention licite, le mandat criminel, au contraire, est un acte illicite. Dès lors, il ne saurait être question ni *d'actio directa* accordée au mandant, ni *d'actio contraria* accordée au mandataire.

Un semblable mandat est entièrement nul comme entaché d'immoralité « *Rei turpis nullum est mandatum* ».

La loi romaine se montre très sévère à l'égard du mandant. Par des dons ou par des promesses, le mandant a décidé le mandataire à commettre un crime. Il subira le même châtiment que le mandataire c'est-à-dire que l'auteur matériel, l'agent d'exécution.

2

« *Mandator cædis pro homicida habetur*, 15 D. *ad leg.*, Cornel. de Sicar. et venef. XLVIII, VIII Ulp. »

Quant au mandataire, il devra être condamné comme auteur principal et puni de la même peine.

On sait, qu'en droit civil, lorsque le mandataire sort des limites du mandat, le mandant devient étranger au mandat et n'est aucunement responsable des actes faits par son mandataire en dehors de ceux prévus par le mandat qu'il lui avait confié.

En était-il de même en matière criminelle ?

En l'absence de textes relatifs à cette matière, nous en sommes réduits à des conjectures. Nous croyons qu'il y a lieu de faire la distinction suivante :

Ne pas voir un complice dans le mandant au cas où le mandataire est la cause unique du crime, au cas, par exemple, où Secundus chargé d'aller voler chez Primus pour le compte de Tertius se voit découvert et outre le vol commet un meurtre en frappant mortellement Primus. Tertius ne devra pas, selon nous, être rendu responsable du meurtre. Voir un complice dans le mandant dans le cas où le mandataire n'est pas la cause unique du crime par exemple, Secundus a été chargé par Tertius de donner de violents coups à Primus, mais Secundus dépassant les limites de son mandat a frappé mortellement Primus. Ici, Tertius sera responsable de la mort de Primus.

Nous ferons remarquer que si le mandant vient à se repentir avant l'exécution du crime, il lui est toujours loi-

sible de dégager entièrement sa responsabilité en préve-
nant le mandataire avant l'exécution du crime de ses
nouvelles intentions.

Ici se place une question vivement controversée. Celui qui approuve *ex post facto* un crime commis en son
nom doit-il être regardé comme complice de ce crime ?

La raison de douter vient principalement d'un texte
d'Ulpien qui parait admettre l'existence de cette sorte
de complicité.

« *In maleficio ratihabitio mandato comparatur*, 152,
§ 2, D. *De reg. juris*, L, XVII.

Quoiqu'il en soit, nous croyons devoir nous prononcer pour le système opposé.

Le texte d'Ulpien que nous venons de rapporter est,
en effet, spécial au droit civil.

Nous trouvons dans un texte du même jurisconsulte
la loi 5 *De his qui notantur infamia*, le principe que l'on
doit en réalité appliquer en matière de ratification.

Ulpien suppose qu'un *paterfamilias* ne s'est pas opposé au mariage de son fils *sub patria potestate* avec une
veuve pendant son année de deuil.

Dans un semblable cas, le père d'ordinaire est noté
d'infamie, mais, dans le cas particulier prévu par Ulpien,
le père de famille ignorait au moment du mariage que la
femme qui allait épouser son fils était encore dans son
année de deuil. Il en a eu seulement connaissance au
moment de la ratification une fois le mariage célébré.

Dans ce cas, dit Ulpien, dans la loi 5 *De his qui no-*

tantur infamia : « *Non notabitur. Prætor enim ad ini-tium nuptiarum se retulit* ».

On le voit le préteur se reporte à l'époque du mariage. C'est à cette époque, en effet, que l'acte délictueux a été commis et que le père a pu s'en rendre complice en donnant son consentement. Or, on sait que le père de famille ne l'a pas donné au moment du mariage. Le délit était donc achevé au moment où il a donné son approbation. Donc le père de famille n'encourt aucune peine. *Non notabitur*, dit le texte.

On voit par ce texte, dont la décision doit être générali-sée, que la ratification *ex post facto* ne saurait être considérée comme un acte de complicité, car, comme le dit très bien Rossi : « on ne peut accepter..... les con-séquences pénales du fait d'autrui, exécuté à notre insu, et se constituer à son gré coupable d'un crime auquel on n'a aucunement coopéré. La société ne punit pas parce qu'on a trouvé bon le délit, mais parce qu'on l'a commis ».

Complicité par Ordre.

A Rome, celui qui ordonne à un autre de commettre un acte criminel est tantôt un auteur intellectuel, tantôt un simple complice.

D'ordinaire, celui qui a commandé de commettre un fait coupable est regardé comme l'auteur du mal : *is damnum dat qui jubet dare*, dit un texte de Paul.

Remarquez que pour qu'il y ait complicité par ordre,

il est indispensable que celui qui a commandé l'acte criminel exerce sur l'agent d'exécution une sorte de pouvoir. C'est ce que les textes désignent sous le nom de *jus imperandi*. Ainsi, le tuteur a le *jus imperandi* sur le pupille, le curateur sur le mineur de 25 ans ; le maître l'a sur l'esclave. Si l'ordre, le *jussus* donné au mineur, ou au pupille vient à être révoqué avant l'exécution de l'acte criminel, les personnes qui ont sur eux le *jus imperandi* seront à l'abri de toutes poursuites.

Il nous reste à examiner si celui auquel un ordre a été donné et qui l'a exécuté encourra un châtiment.

En général, il ne subira aucune peine. Ulpien nous dit, en effet, que le fils qui, sur l'ordre de son père, épouse une veuve, sans laisser écouler le temps fixé par la loi, temps après lequel celle-ci peut seulement contracter une nouvelle union, ne peut être poursuivi. Dans ce cas, c'est le père, qui, à la place du fils, encourt l'infamie.

Mais si, en règle générale, l'auteur matériel qui n'a fait qu'obéir à un ordre qui lui a été donné par une personne ayant autorité sur lui ne peut être inquiété, il est cependant une limite qui a pour cause l'horreur que doivent inspirer à tous certains crimes, tels que l'assassinat ou le vol.

Un semblable crime est désigné par la loi romaine par les mots *delictum atrox* et tombe sous le coup de la loi Julia *de vi*. Mais, ici encore, la loi s'est montrée moins rigoureuse pour celui qui n'a agi que *metu atque exhortatione domini* que pour celui qui a agi *proprio motu*.

Elle condamne le premier *ad metallum* et punit le second de la peine de mort.

Le jurisconsulte Paul a donc posé un principe trop absolu lorsqu'il a dit dans la loi 169, D. *De reg. jur.*, L, XVII : « *Is damnum dat qui jubet dare, ejus vero nulla culpa est cui parere necesse sit* ».

On peut se demander quelle était la situation de celui qui avait commis un crime d'après l'ordre d'une personne n'ayant pas sur lui le *jus imperandi* et quelle était celle de la personne qui avait commandé ainsi un acte criminel. La solution de cette question nous est donnée dans la loi 35 pr., D. *Ad leg. Aquil.* : « *Liber homo si jussu alterius, manu injuriam dedit, actio legis Aquiliae cum eo est, qui jussit, si modo jus imperandi habuit ; quod si non habuit, cum eo agendum est, qui fecit* ».

Ce texte est de Javolénus.

Dans la première partie du texte, le jurisconsulte examine la situation du donneur d'ordre qui avait sous sa puissance l'agent d'exécution et décide, comme Ulpien et d'autres jurisconsultes, que l'agent d'exécution, l'auteur matériel, est alors à l'abri de toutes poursuites.

Dans la seconde partie du texte il suppose que l'auteur matériel n'est pas sous la puissance du donneur d'ordre, qu'il n'a pas sur lui le *jus imperandi*. Le jurisconsulte décide alors que l'auteur matériel seul doit être déclaré coupable *cum eo agendum est qui fecit*, et regarde alors le donneur d'ordre comme à l'abri de toutes poursuites.

CHAPITRE II

Non-empêchement.

Nous ne pouvons que répéter avec Cicéron : « *Qui
non defendit nec obstitit, si potest, injuræ ; tam est in vi-
tio quam si parentes aut patriam aut socios deserat* ».
(Cicéron, *De off.*, lib. III, cap. VII).

Mais, si blâmable que puisse être, au point de vue
moral une telle abstention, elle ne tombe certainement
pas sous le coup de la loi pénale.

C'est donc à tort que certains auteurs ont, invoquant
dans un argument *a contrario*, à l'appui de leur opinion,
deux textes du Digeste, prétendu que le non-empêchement aux crimes constituait une complicité punissable.
Ces textes sont du jurisconsulte Paul : « *Culpa caret
qui scit, sed prohibere non potest* » (loi 50, D. 5, L, XVII).
« *Nullum crimen patitur is, qui non prohibet, cum prohibere non potest* » (loi 109, *eod. tit.*).

Si, disent les partisans de ce système, celui qui n'a
pu empêcher un acte criminel sans danger personnel
est, d'après les textes que nous venons de citer, à l'abri
de toutes poursuites, il faut évidemment décider que

celui qui aurait pu empêcher le crime sans danger personnel doit être puni.

La vérité est que, dans ces textes, le jurisconsulte Paul signale une exception à la règle générale « qu'il ne saurait y avoir de complicité punissable en cas de non empêchement ». Cette exception a trait à la responsabilité du père de famille relativement aux dommages causés par le fils ou par l'esclave.

On a dit, à propos de cette exception, que le père de famille était uniquement responsable civilement et non au point de vue pénal. Nous croyons, au contraire, que le père de famille peut être tenu aussi bien d'une action criminelle que d'une action civile. La loi 11, 4, D. III, 11, où Ulpien nous apprend que le père qui ne met pas obstacle au mariage de son fils *intra legitimum tempus* est noté d'infamie, vient à l'appui de notre opinion.

L'exception que nous avons signalée relative à la responsabilité du *paterfamilias* n'était, d'ailleurs, pas la seule.

Il y en avait d'autres. C'est ainsi que les esclaves, qui n'avaient pas empêché le meurtre de leur maître, étaient soumis à la question, en vertu des sénatusconsultes Silanien et Claudien ; que des soldats, qui avaient laissé échapper des prisonniers dont la garde leur avait été confiée, étaient punis de mort et que le propriétaire d'une maison dans laquelle on avait fabriqué de la fausse monnaie se la voyait confisquée, même dans le cas où cette fausse monnaie avait été fabriquée à son insu.

Non-révélation.

« *Tui furem novit, sive indicet eum, sive non indicet, fur non est*, dit Ulpien, 48, 1, D. *De Furt.*, XLVII, II ».

La règle générale est donc ici, comme dans le cas de non empêchement, que la non-révélation ne constitue pas une complicité punissable.

Nous avons vu, qu'en cas de non-empêchement, il y avait plusieurs exceptions à la règle générale que cette complicité n'est pas punissable.

Existe-t-il de même des exceptions à la règle générale posée par Ulpien et que nous avons rapportée pour le cas de non-révélation ?

Il y a, croyons-nous, une exception dans la loi 2, D. *De lege*, Pomp., *de parricidi*, XLVIII, IX Schœw : « *Frater autem ejus qui cognoverat tantum, nec patri indicaverat, relegatus est; et medicus supplicio affectus* ».

Ainsi le frère du parricide, qui n'a pas révélé à son père le complot qu'il connaissait, est condamné à la relégation ; et le médecin encourt le châtiment suprême.

Remarquons toutefois que, même dans ce cas exceptionnel, la loi romaine ne considérait pas la complicité par non-révélation, comme présentant autant de gravité qu'une autre complicité, puisque les peines auxquelles étaient condamnés et le frère et le médecin n'étaient pas celles du parricide.

Il suit de là, qu'il ne faut pas traduire le mot *conscii*, qui se trouve au même titre de la loi 6 par : ceux qui connaissant le crime ne l'ont pas révélé, mais bien par

complices. Il désigne ici les complices du parricide en
général. Le texte dit en effet : « *Utrum, qui occiderunt
parentes : an etiam conscii, pœna parricidii adficiantur,
quæri potest ?* »

Et, ainsi que le fait voir la suite du texte, c'est l'affirmative qu'adopte le jurisconsulte : « *Et ait Maecianius,
etiam conscios eadem pœna adficiendos, non solam parrici-
das : proinde conscii etiam extranei eadem pœna adficiendi
sunt* » (6, D. Pomp., *de Parricid.*). Dans la loi 7, *eod.*,
nous voyons de même que celui qui a prêté l'argent nécessaire au parricide et les cautions de l'emprunteur
sont frappés de la même peine que les parricides.

Il n'y a donc aucun doute sur ce point, les complices
(*conscii*) de parricide, même les étrangers (*etiam extranei*, dit le texte) subissent les mêmes peines que le parricide lui-même. Ainsi, les Romains considéraient celui
qui aidait un fils à tuer son père comme commettant un
crime plus grave que celui qui aidait à commettre un
simple meurtre. Cette loi, qui ne fait qu'appliquer un
principe posé dans le paragraphe 1er de la loi 16 *De pœnis*, a une grande importance, car elle nous montre que
les Romains décidaient, comme notre jurisprudence
moderne, que les complices supportent les circonstances aggravantes personnelles à l'auteur principal. Il en
était de même, à plus forte raison, lorsque les circonstances aggravantes dérivaient du fait lui-même.

Voici la partie du texte de la loi 16 à laquelle nous faisons allusion :

« *Sed hæc quatuor genera consideranda sunt, septem modis : causa, persona, loco, tempore qualitate, quantitate et eventu.*

Il y a donc, d'après ce texte, sept circonstances qui, suivant les cas, peuvent amener une élévation ou une diminution de peine. Puisque nous avons été amenés à nous occuper de la loi 16, *De pœnis*, remarquons que cette loi pose le principe de l'assimilation complète du complice à l'auteur principal : « *Aut facta puniuntur, ut furta, cædesque ; aut dicta, ut convicia, et infiduæ advocationes ; aut scripta, ut falsa, et famosi libelli ; aut consilia, ut conjurationes et lationum conscientia : quosque alios suadendo juvisse sceleris est instar* ».

Nous voyons, que dans cette loi, on distingue 4 classes de crimes et que l'on assimile absolument la complicité à ces crimes.

Ce que l'on doit encore remarquer, c'est l'excessive rigueur de cette loi, qui va jusqu'à mettre sur le même rang, l'homme qui conseille le crime et celui qui le commet *sceleris est instar*, dit la loi.

N'était-il pas plus juste le principe énoncé par le jurisconsulte Paul au titre Ad. Leg. Corn. *de sicariis* :

« *Si in rixa percussus homo perierit, ictus unius cujusque in hoc collectorum contemplari oportet* ».

Ce jurisconsulte n'avait-il pas raison de demander à ce que les actes de chaque délinquant aussi bien que ceux des complices soient appréciés séparément et isolément.

CHAPITRE III

COMPLICITÉ PHYSIQUE OU MATÉRIELLE.

« *Opem fert qui ministerium atque adjutorium res præbet* », dit Ulpien dans son commentaire sur l'Édit.

Telle est bien la définition de la complicité physique à Rome, définition qui correspond absolument à celle que notre Code désigne par les mots d'aide et d'assistance.

Le complice par aide et assistance *qui opem fert* est à Rome assimilé à l'auteur principal *qui fecit*.

La lecture des textes nous apprend toutefois que la complicité n'est punissable que lorsqu'il est prouvé que le complice en prêtant son aide a agi sciemment (*sciens*), c'est-à-dire en parfaite connaissance de cause et qu'il a de plus agi par dol avec une intention criminelle. Sans ces deux conditions, il n'y avait pas de complicité.

Quoique le complice soit assimilé à l'auteur principal, il est bon de remarquer qu'il ne sera pas toujours tenu de la même action, ni frappé des mêmes peines. En veut-on un exemple ? « Celui qui fournit son aide au voleur n'est jamais *manifestus* ; aussi, il arrive quelquefois que celui qui a fourni l'aide soit tenu *furti nec manifesti*, quand l'auteur principal, qui a été saisi, est tenu *furti manifesti* à raison du même objet ».

Remarquons en passant que l'action ne pourrait être accordée pour complicité envers une personne contre laquelle elle ne pourrait être donnée comme auteur principal. C'est ainsi que la femme, qui s'est rendue complice d'un vol commis au préjudice de son mari, ne sera pas tenue de l'action *furti*. En droit français, il faut, selon nous, décider autrement et l'on ne saurait étendre à la femme complice d'un vol commis au préjudice de son mari, l'immunité que l'article 380 accorde à la femme auteur principal.

Les faits d'aide et d'assistance de complicité matérielle varient à l'infini. C'est ainsi que se rend complice de vol et est tenu de l'action *furti* « celui qui a fait tomber les écus de votre main pour qu'un autre les dérobât, qui a mis vos brebis ou vos vaches en fuite pour qu'un autre s'en saisit ».

Toutefois, celui qui, par plaisanterie, avait mis un troupeau en fuite et avait ainsi, sans le vouloir, permis à des voleurs de s'en emparer était tenu seulement, si l'on en croit Labéon, d'une action *in factum* et non de 'action *furti*. Cette décision de Labéon nous est rapportée par Ulpien.

Adultère.

A Rome, cela n'a jamais fait aucun doute, la femme adultère était regardée comme auteur principal : « *Hujus criminis postulantur mulier et adulter.* »

Quant à l'amant, était-il considéré comme co-auteur

du fait reproché à la femme ou seulement comme complice ?

Pothier est d'avis qu'il faut voir en lui un co-auteur,
et cette opinion nous semble devoir être admise en présence de la « loi II, pr., *ad leg.*, Acquil., *de adult.* » :

« *Ex lege Julia servatus est ut cui necesse est ab adul-
tero incipere, quia mulier ante denunciationem nupsit,
non alias ad mulierem possit pervenire nisi* reum *pere-
gerit.* »

Nous voyons, en effet, dans ce texte, que l'amant de
la femme est appelé *reus* et ce terme désigne toujours
chez les Romains l'auteur principal.

Il nous reste maintenant à examiner si le mari qui
a eu connaissance de la prostitution de sa femme encourra une peine et s'il sera regardé comme complice.

Il y a, tout d'abord, lieu de faire ici une distinction.
Est-ce par suite de la négligence ou de l'incurie du mari
que la femme s'est prostituée? Plusieurs textes nous
font connaître que le mari, dans ce cas, n'encourait aucune peine.

Le mari, au contraire, n'a-t-il pas craint de favoriser
ou tout au moins de faciliter l'adultère de sa femme, il
n'est pas considéré comme complice, mais est puni
comme adultère *quasi adulter punitur*, comme coupable
d'un crime spécial, le *crimen lenocinii* ou *lenocinium* :

« *Qui quæstum ex adulterio uxoris suæ fecerit plecti-
tur ; nec enim mediocriter delinquit qui* lenocinium *in
uxore exercuit* (L. XXIX, § 3, *nost. tit.*).

Quand, au contraire, c'était la femme qui avait favorisé l'adultère de son mari, elle tombait sous le coup de la loi Julia et, elle aussi, en vertu de cette loi « *quasi adultera tenetur* ».

Il est encore, au point de vue de l'adultère, un point particulier que nous devons signaler. Les tiers qui ont de différentes manières préparé ou favorisé les entrevues de la femme et de l'amant, du mari et de la maîtresse sont considérés comme complices et punis comme tels.

Homicide.

Rappelons que l'action *directa* de la loi Aquilia n'était donnée que lorsque le dommage avait été causé *corpori* et *corpore*. Dès lors, cette action ne pourra évidemment pas être accordée à celui qui a tenu la victime pour permettre à un autre de la frapper. Il sera tenu d'une action *in factum*. « *Is qui tenuit, quasi causam mortis præbuit, in factum actione tenetur* ».

Est-ce à dire pour cela que la loi romaine ait considéré comme complice l'homme qui tient la victime pour l'empêcher de s'évader, tandis qu'une autre personne lui porte le coup mortel? Nous ne le croyons pas. Nous pensons, au contraire, qu'elle voit en lui un co-auteur, car, dit un texte : « *Nihil interest occidat quis an mortis causam præbeat* ».

CHAPITRE IV

COMPLICITÉ PAR RECEL.

Il existe deux sortes de recel : le recel des choses qui consiste à cacher ou à conserver une chose volée, et le recel des personnes qui consiste à donner à l'auteur d'un crime ou d'un délit un asile où il se trouve à l'abri des recherches de la justice.

En droit théorique, on ne saurait considérer le recel comme un véritable acte de complicité. Le recel, à vrai dire, a bien sa cause dans le délit principal, c'est bien à ce délit qu'il doit son existence ; mais c'est un délit parfaitement distinct du délit principal, tandis que la complicité proprement dite fait partie intégrale de ce délit.

La loi romaine qualifiait sévèrement les recéleurs : « *Pessimum genus est receptatorum* ».

Trois conditions sont exigées dans le Droit des Douze Tables pour qu'il y ait recel : En premier lieu, celui qui a été victime du vol doit procéder à une visite domiciliaire. En second lieu, le recéleur doit avoir déclaré, au début de la visite domiciliaire, que l'objet ne se trouve pas chez lui. Enfin, en troisième lieu, il faut que les recherches faites dans la maison amènent la découverte de l'objet volé. Si ces trois conditions ne se trouvent pas réunies, le recéleur ne saurait être inquiété.

La loi paraît donc plutôt punir, le défaut de déclaration que la détention de l'objet volé. C'est ainsi que le recéleur chez lequel l'objet est trouvé par le pur effet du hasard et celui qui, à la première réquisition, se déclare détenteur de l'objet sont à l'abri de toutes poursuites. Dans ces deux cas, il y a présomption que le recéleur ne savait pas qu'il était dépositaire de l'objet volé.

Chose curieuse et qui à notre époque paraîtrait d'une excessive sévérité : Si l'objet vient à être découvert chez le recéleur sans que celui-ci ait déclaré en être détenteur, il est puni, et cela, alors même qu'il serait de bonne foi et que l'objet aurait été apporté chez lui à son insu par quelqu'autre personne.

Cette disposition rigoureuse s'explique par ce fait que, dans la Rome antique, il n'existait pas de police judiciaire. C'était donc au chef de famille qu'incombait le soin de faire la police de sa maison, et s'il faisait mal cette police, par exemple s'il laissait quelqu'un pénétrer furtivement dans sa maison, porteur d'un objet provenant d'un *furtum*, il était par ce fait seul en faute et il paraissait juste qu'il supportât les conséquences de sa négligence. C'est précisément pour ce motif que les visites domiciliaires dont nous venons de parler devaient être faites par la victime même du vol. Les perquisitions faites dans la maison de celui que l'on supposait recéler l'objet volé n'avaient lieu que sous certaines garanties. On pouvait craindre, en effet, que sous prétexte de rechercher un objet volé, on ne pénétrât par pure malice dans la demeure d'un citoyen dont l'honorabilité ne pouvait être suspectée ; en outre, que pour le faire punir comme recéleur, on n'introduisît chez lui, au cours de la perquisition, l'objet que l'on prétendait provenir d'un *furtum*. Dans le premier cas, le citoyen pouvait exercer l'action d'injures. Dans le second cas, il avait le droit d'exiger que la recherche de l'objet volé eût lieu dans une forme solennelle (*per lancem liciumque*) (1).

Quelle était la peine encourue par le recéleur dans le cas, où, à la suite d'une perquisition domiciliaire, perquisition qui avait lieu d'ailleurs en présence de témoins, l'objet venait à être trouvé ? Telle est l'importante question que nous avons à examiner. Il y a lieu de faire ici une distinction. La personne chez laquelle on voulait faire la perquisition consentait-elle à laisser faire cette perquisition, le recéleur était condamné à la peine du triple, et la victime du vol pouvait reprendre l'objet volé. L'action au triple accordée alors à la victime du vol dans le droit des Douze Tables était désignée sous le nom d'action *furti concepti*.

C'est ainsi que les choses se passaient dans le cas où la personne chez laquelle on voulait faire la perquisition, tout en déclarant que l'objet volé ne se trouvait pas dans sa demeure, ne s'opposait pas à la visite domiciliaire.

Mais s'opposait-elle à cette visite ?

(1) Voy. M. Cuq, *Institutions juridiques des Romains*, page 344.

On avait alors recours dans le droit des Douze Tables à une solennité particulière que rapporte Gaius.

Un homme tenant un plat d'argile à la main se rendait chez la personne chez laquelle devait avoir lieu la perquisition sans toge (*nudus*) *licio cinctus* c'est-à-dire vêtu d'un linge noué sur les hanches ; si, à la suite de la recherche qui était faite dans la maison, l'objet volé venait à être découvert, le recéleur était puni de la peine du vol manifeste. Dans ce cas, disent quelques auteurs, il y a un *furtum lege* et non pas *naturâ*.

On voit que, dans le cas où le recéleur s'était opposé à la visite domiciliaire, il y avait pour lui aggravation de pénalité. Il existait cependant sur ce point une grande lacune dans la loi des Douze Tables. Cette loi n'avait pas prévu le cas où la personne chez laquelle on se présentait *licio cinctus*, afin de procéder à une perquisition solennelle, s'opposait en fait à cette perquisition. En droit classique, le préteur combla cette lacune en donnant une action au quadruple, l'action *furti prohibiti* contre tout individu qui voudrait empêcher la recherche solennelle de l'objet volé.

Le préteur créa, en outre, une autre action appelée *furti non exhibiti*, donnée au quadruple contre celui qui refuse de représenter la chose et chez lequel, à la suite d'une perquisition solennelle, elle vient à être trouvée.

Du reste, le recéleur de bonne foi peut à l'aide d'une action qui se donne au triple, l'action *furti oblati* recourir contre celui qui, connaissant la provenance frauduleuse de l'objet, l'a déposé dans sa maison, et cela, alors même que cette personne n'aurait aucune part dans l'exécution du vol. Mais, si la personne qui avait déposé chez le recéleur l'objet volé ignorait sa provenance frauduleuse, l'action *furti oblati* ne pouvait pas être intentée contre elle en raison de sa bonne foi, et celui qui s'était opposé à la perquisition domiciliaire n'avait plus aucun recours.

On aurait tort de croire que l'action *furti oblati* était plus rigoureuse pour celui contre lequel elle était exercée que l'action *furti nec manifesti*.

L'action *furti nec manifesti*, il est vrai, était donnée seulement au double ; mais il ne faut pas oublier que le voleur qui tombait sous le coup de cette action se voyait en outre généralement obligé de rendre l'objet ou sa valeur. La victime du vol pouvait, en effet, indépendamment de l'action *furti nec manifesti*, intenter contre lui la revendication et plus tard la *condictio furtiva*.

Nous venons de voir que sous l'empire de la loi des Douze Tables, la victime du vol avait contre le recéleur l'action *furti concepti*, lorsque celui-ci avait déclaré avant la perquisition que l'objet volé n'était pas dans sa demeure. Nous avons vu également qu'elle pouvait reprendre l'objet volé. Il y avait cependant dans certains cas dérogation à cette règle. Il pouvait arriver, lorsque l'objet volé consistait en une pièce de bois, que la perquisition domiciliaire révélât l'incorporation de cette pièce de bois à une construction. Dans ces deux cas, la victime du vol n'avait pas le droit de reprendre l'objet volé, à moins que la maison ne vint à être démolie ou l'échalas sorti de terre pour être mis à l'abri pendant l'hiver, tant était grand l'intérêt que portaient les décemvirs au maintien des constructions et à la prospérité de la culture de la vigne. Néanmoins, le constructeur de la maison ou le propriétaire de la vigne qui avaient fait usage de l'objet volé encouraient la peine du double, peine inférieure à celle qui atteignait les recéleurs.

Plus tard, on introduisit sur ce point une modification à la loi des Douze Tables, modification qui rendit la loi plus conforme à la justice et à l'équité.

On décida que la revendication ne pourrait être intentée contre le constructeur de bonne foi, lorsqu'il aurait payé le double ; tandis qu'au contraire, non seulement l'action *de Tigno juncto*, mais encore l'action *ad exhibendum* pouvaient être intentées contre le constructeur de mauvaise foi.

L'*action de Tigno juncto* n'est donnée au propriétaire de la pièce de bois incorporée à la construction contre le constructeur, que dans le cas où ce dernier a employé une pièce de bois volée. Cette disposition remonte à la loi des Douze Tables comme l'attestent Ulpien et Paul (1).

De nombreux textes assimilent le recéleur au complice. Le recéleur est en général puni de la même peine ;

___

(1) Voir Accarias, *Précis de Droit romain*, page 646, tome Ier, (note 2).

« *Crimen non dissimile est rapere et ei qui rapuit, raptam rem scientem delictam servare* (9. Co *Ad leg. Jul. de re publ. et priv.*, IX, XII) ».

Ce texte nous apprend qu'il ne faut voir aucune différence entre le voleur et le recéleur. Or, comme évidemment on ne saurait regarder le recéleur comme un co-auteur, nous sommes amenés tout naturellement à reconnaître en lui un complice.

Toutefois, une condition était exigée en Droit romain pour qu'il y eut recel. Le fait matériel de cacher un objet provenant d'un vol ou de donner asile à un coupable ne suffisait pas. Il fallait quelque chose de plus.

Ce quelque chose de plus était ce que les jurisconsultes appelent la *Scientia*, c'est-à-dire la connaissance que ce que l'on détenait, provenait d'un vol, ou que la personne à laquelle on donnait un refuge avait commis un crime.

Remarquons, en outre, que si vous n'aviez consenti à accorder un refuge à l'auteur d'un crime qu'à la suite de menaces qu'il n'avait pas craint de vous adresser, ou de violences dont il avait usé vis-à-vis de vous, vous vous trouviez alors à l'abri de toutes poursuites.

Si l'auteur de ce crime était un de vos parents vous étiez frappé d'une peine, mais cette peine, en raison de vos liens de parenté, était inférieure à celle qui, dans le même cas, aurait atteint un étranger.

Nous avons vu qu'il ne saurait y avoir de recel punissable sans la *Scientia*.

Cette condition était-elle seule exigée ?

Ne fallait-il pas y joindre l'habitude ?

En d'autres termes un fait isolé de recel était-il punissable ou fallait-il un certain nombre d'actes de recel pour encourir une condamnation ?

L'opinion exigeant l'habitude de recel émise par quelques auteurs, ne s'appuie que sur un seul texte, la loi 1, C. *De his qui latr.* etc.

« *Eos, qui secum alieni criminis occultando cum eamve sociarunt, par ipsos et reos pœna expectet* ».

Les auteurs qui sont partisans du système que nous nous refusons à admettre traduisent le verbe *sociare* par *commettre habituellement*. Même en traduisant *sociare* comme le font ces auteurs, par *commettre habituellement* nous pourrions encore répondre que cette loi est la seule qui exige cette condition d'habitude, et que l'on trouve plusieurs autres espèces où un fait isolé de recel suffit pour faire reconnaître le recéleur coupable.

Mais il y a plus. Nous ne pensons pas que l'on doive traduire ici *sociare* comme le font ces auteurs par *commettre habituellement*, mais bien par *participer à*. Dès lors, la signification du texte qui fait l'objet de la controverse, serait celle-ci : *ceux qui en recélant des criminels auront par ce fait même pris part au délit.*

On voit donc que pour que le recel soit punissable, la condition d'habitude n'est pas exigée.

Nous ferons remarquer en terminant que les Romains ne punissaient pas le fait d'avoir donné certains renseignements à l'auteur du crime, par exemple le fait de lui avoir indiqué le chemin qu'il devait prendre : « *Furtum non committit qui fugitivo iter monstravit* » (62, D. *De Furt.* XLVII, 11 Maxim.).

Quant aux actions *furti concepti, furti oblati, furti prohibiti et furti non exhibiti*, elles ont disparu sous Justinien qui, étendant une disposition de Dioclétien et de Maximien, donne l'action *furti nec manifesti* contre ceux qui ont reçu et recélé sciemment la chose volée.

CHAPITRE V

L'Empereur Léon s'exprime ainsi relativement à la peine à infliger aussi bien aux complices qu'aux auteurs principaux : « *Socii lucrum damnumque æqualiter inter se patiuntur* ».

Un grand nombre de lois posent ce même principe de l'assimilation complète dans la peine des complices aux auteurs principaux.

Cette règle générale de l'assimilation n'était cependant pas sans comporter quelques exceptions.

C'est ainsi que les complices de ceux qui s'étaient emparés des terrains abandonnés par le Nil n'étaient punis que de la déportation, alors que les auteurs principaux étaient livrés aux flammes ; que les complices du rapt n'étaient punis que de la peine de mort, alors que les auteurs principaux subissaient la peine de mort et encouraient, en outre, la confiscation de leurs biens (*amissio bonorum*).

C'est ainsi encore que les complices de ceux qui se livraient à la magie étaient jetés aux bêtes ou crucifiés.

Une autre exception est encore apportée à la règle générale de l'assimilation par la loi 2, D. *De lege Pomp*.

de parr : « *Frater autem ejus, qui cognoverat tantum, nec patri indicaverat, relegatus est* : *et medicus supplicio affectus* ».

Ainsi, le frère d'un parricide qui n'a pas révélé à son père le projet criminel auquel s'est arrêté l'un de ses frères, et qui a laissé ainsi se commettre un crime horrible qu'il aurait pu empêcher, n'est condamné qu'à la peine de la rélégation et le médecin à la peine de mort.

On connaît les différences qui existaient à Rome entre le voleur qui est arrêté en flagrant délit ou au domicile duquel on retrouve les objets qu'il a dérobés, et le voleur qui ne se trouve pas dans ces conditions.

Le premier est tenu de l'action *furti manifesti*, c'est-à-dire qu'il encourt une condamnation au quadruple de la valeur des objets volés ; le second n'est tenu que de l'action *furti nec manifesti*.

La loi 34, D. *De Furt.*, XLVII, II, décide que le complice dans aucun cas ne peut encourir la peine du vol manifeste.

Il n'encourt qu'une condamnation au double c'est-à-dire qu'il est puni comme s'il s'était rendu complice d'un *furtum nec manifestum* : « *Is qui opem furtum fert nonquam manifestus est* », dit la loi 34.

Il faut remarquer que ce n'est pas là une exception à la règle générale de l'assimilation.

Qu'importe, en effet, les circonstances dans lesquelles le voleur est arrêté ?

Ces circonstances postérieures au délit ne sauraient

évidemment engager la responsabilité du complice qui n'aura à répondre que d'un vol simple.

Il en serait toutefois autrement si le voleur, une fois le vol commis, avait remis les objets volés à son complice, pour qu'il les mît en lieu sûr et que celui-ci eût été arrêté nanti de ces objets.

Il serait alors sans aucun doute tenu de l'action *furti manifesti*, mais ce ne serait pas, à proprement parler, comme complice, mais bien comme recéleur qu'il serait tenu de cette action.

DROIT FRANÇAIS

DE LA COMPLICITÉ ET DU RECEL

INTRODUCTION

L'homme est fait pour vivre en société.

De même que la nature a horreur du vide, de même l'homme a horreur de la solitude.

Mais, ce ne sont pas seulement leurs goûts et leurs instincts naturels qui portent les hommes à se réunir, c'est aussi, c'est surtout, leurs intérêts.

L'union fait la force, et par la division du travail, si merveilleusement comprise à notre époque, on a obtenu des résultats sur l'importance desquels il nous paraît superflu d'insister.

Chaque individu demande donc à entrer dans la Société ; mais, en y entrant, il contracte vis-à-vis de la Société qui veut bien le recevoir dans son sein, certaines obligations et la Société, en retour, s'engage à lui procurer aide et protection.

Tout individu qui viole les obligations à lui imposées par la Société commet une faute dont il a à répondre vis-à-vis d'elle, faute qui, suivant la gravité des faits qui lui sont reprochés, prend le nom de contravention, de délit, de crime.

Plusieurs individus ont pu prendre part à cette contravention, à ce délit, à ce crime.

Ils ont pu y participer dans une égale mesure.

Ce sont alors des co-participants ou *co-auteurs*. Mais il peut se faire également que l'un des délinquants ait pris une part directe à l'acte qui lui est reproché et que l'autre se soit borné, par exemple, à lui fournir l'instrument dont il s'est servi pour commettre son crime « sachant, dit la loi, qu'il devait y servir ».

Cet auxiliaire, qui a aidé l'auteur principal à commettre le crime ou le délit, la loi le désigne par le nom de *complice*.

Disons-le tout de suite, notre législateur a assimilé le complice à l'auteur principal et, en général, il le punit de la même peine.

En cela, il paraît avoir complètement oublié le principe fondamental de notre droit pénal, si conforme cependant à la justice et à l'équité, principe qui exige que la peine soit déterminée d'après le degré de culpabilité du délinquant.

Un grand nombre de criminalistes, au nombre desquels nous trouvons des noms tels que ceux de Rossi, Ortolan, Chauveau et Faustin-Hélie blâment ces dispositions de notre droit pénal, et on ne saurait admettre l'opinion de certains auteurs qui se prononcent en faveur du système d'assimilation absolu, tel qu'il a été établi par notre Code pénal.

Les principes philosophiques les plus élémentaires font repousser cette assimilation complète du complice à l'auteur principal. Je dirai plus, le simple bon sens se refuse énergiquement à cette assimilation.

Prenez deux individus : l'un d'eux a vendu le poignard qui a servi à commettre le crime, sachant qu'il devait y servir ; l'autre, n'a pas craint de se servir de cette arme, et ce poignard est maintenant teint du sang de la victime. Interrogez un homme du peuple qui ne connaît pas le plus petit mot de droit, et demandez-lui si l'on peut condamner ces deux hommes à la même peine.

Jamais il ne viendra à l'esprit de cet homme de mettre sur la même ligne l'auteur principal et le complice. Et c'est, cependant, la solution que nous donne la loi.

Que dire en présence de ces étranges dispositions pénales ?

Pour ma part, je ne vois d'autre réponse que celle qui nous est fournie par l'adage latin : « *Dura lex sed lex* ». Cette loi est trop sévère, presque injuste, mais enfin, c'est la loi et nous devons nous incliner devant elle.

Qu'il nous soit permis, toutefois, avant d'examiner le système de notre Code pénal de montrer combien ce système laisse à désirer au point de vue de l'équité et

de l'humanité, et de réfuter les principaux arguments
de ceux qui se sont efforcés de justifier l'excessive sévérité de notre législateur, en invoquant des raisons tirées
principalement de l'utilité publique et de l'histoire.

Examinons en premier lieu, s'il n'y a pas des différences sensibles entre l'auteur principal et le complice.

L'auteur principal est la cause du crime ou du délit ;
sans lui, ce crime ou ce délit n'aurait pas été commis.

Le complice n'en est pas la cause ; il n'a fait que le faciliter, en prêtant son aide à l'auteur principal, en lui
donnant certaines indications, ou en mettant en lieu sûr
le criminel ou les objets provenant du délit. Sa participation n'a donc été qu'une participation accessoire.

Si cette participation n'avait pas existé, dans la plupart des cas le crime n'en aurait pas moins été commis,
quoique sans doute il l'eût été plus difficilement.

On ne peut donc raisonnablement mettre le complice
sur le même rang que l'auteur principal.

Ceux qui sont partisans du système du Code, invoquent l'intérêt qu'a la Société à empêcher l'exécution des
crimes et des délits.

Ils font remarquer de quelle utilité est, pour l'auteur
principal, l'acte que lui prête le complice.

Pour arriver à l'accomplissement d'un crime, il y aura
souvent bien des choses à faire ; un seul homme pourrait
succomber sous le poids d'un aussi lourd fardeau.

Mais, s'il se trouve un ami complaisant qui se charge
d'une partie de la besogne, par cette division du travail

d'un genre tout particulier, auteur et complice arrive-
ront à l'exécution de leur funeste dessein.

En édictant contre les complices la même peine que
celle qui atteint l'auteur principal, la loi a donc pensé
les empêcher, par la crainte que doivent leur inspirer les
peines terribles qui leur sont réservées, de prêter leur
concours à l'auteur principal.

Quand même on reconnaîtrait comme exactes les observations présentées par les partisans de ce système,
pour notre part, nous n'hésiterions pas moins à le repousser.

Ce système rappelle celui de Dracon. Dans la plupart
des cas, Dracon punissait de la peine de mort les infractions les plus légères comme les plus grands crimes,
parce que, disait-il, il fallait à tout prix empêcher les
premières et qu'il n'était pas possible de trouver pour
les seconds des châtiments plus graves.

En résumé le système que l'on nous oppose revient à
dire : Bien que le complice soit moins coupable que
l'auteur principal, il est aussi nuisible à la Société. La
Société doit donc le punir de la même peine.

C'est là une grave erreur contre laquelle on ne saurait trop protester. Toute peine doit être proportionnée
à la gravité de la faute commise ; autrement elle ne saurait être justifiée.

Dans ce système, l'on oublie complètement que la
peine n'a pas seulement pour but d'effrayer ceux qui seraient disposés à commettre des crimes ou des délits ;

4

qu'elle doit aussi chercher à amender le coupable, à le faire rentrer dans la voie du bien.

Singulière façon, il faut bien le reconnaître, de le rappeler à de meilleurs sentiments que de se montrer souverainement injuste envers lui en le punissant de la même peine que l'auteur principal du crime qu'il a aidé sans doute, mais que, selon toute probabilité, il se serait refusé à remplacer.

Ainsi, nous sommes amenés à décider, qu'en aucun cas l'intérêt de la Société ne peut légitimer une peine exagérée : « L'homme, a dit Ortolan, et par conséquent la société, qui n'est qu'une agrégation d'hommes, sont à la fois matière et esprit, et dans les règles de leur conduite, ils ont ces deux principes à satisfaire : le *juste* et l'utile. »

Mais il y a plus, et nous nous demandons si réellement, au point de vue même des intérêts de la société, le système de nos adversaires qui consiste à frapper les complices d'une peine disproportionnée avec la faute qu'ils ont commise, doit être préféré à celui que nous voudrions voir suivre par la loi et qui consisterait à proportionner la peine à la culpabilité de chacun.

On dit que plus il y a de complices, plus le crime est exécuté facilement. Cela peut être vrai ; mais ce qui est vrai aussi, c'est que plus il y aura d'individus qui sauront qu'un crime ou un délit va être commis, plus il y aura de chances qu'il se trouve, parmi eux, un homme qui, au dernier moment, se refuse à jouer le rôle secondaire de complice qui lui a été assigné dans la tragédie du crime.

Que cet homme vienne à regretter ce qu'il a fait et surtout ce qu'il va faire, sous l'empire de la loi actuelle, nul doute qu'il n'hésite à dévoiler le crime s'il a déjà été tenté, craignant d'être puni des mêmes peines que l'auteur principal. S'il n'avait à craindre que des peines moins sévères, bien des fois au contraire, il le dévoilerait.

Ce n'est pas tout, si vous édictez la même peine contre l'auteur principal que contre les complices, aucun de ces malfaiteurs n'hésitera à jouer le rôle d'auteur principal, le rôle d'exécuteur du crime.

Si, au contraire, vous édictez des peines différentes, moins sévères pour les complices que pour l'auteur principal, les malfaiteurs trouveront très difficilement, parmi eux, quelqu'un qui consente à jouer le rôle d'auteur principal. Il arrivera même, quelquefois, que les malfaiteurs renonceront à commettre le crime, aucun d'eux n'ayant voulu remplir ce premier rôle, rôle indispensable, ne l'oublions pas, à la réalisation du crime ou du délit.

Cette opinion a été émise par Beccaria dans le chapitre XIV de son *Traité des Délits et des Peines* : « Si les lois, dit-il, punissent plus sévèrement les exécuteurs du crime que les simples complices, il sera plus difficile à ceux qui méditent un attentat de trouver parmi eux un homme qui veuille l'exécuter, parce que le risque sera plus grand à raison de la différence des peines ».

En voyant le système d'assimilation de notre Code pénal, Rossi s'écrie : « On dirait d'une disposition suggérée par les malfaiteurs eux-mêmes ».

N'est-ce pas là la plus sévère critique que l'on puisse adresser à une loi ?

Les partisans du système de l'assimilation invoquent encore un argument historique à l'appui de leur thèse. Ils font observer que la théorie de l'assimilation est la théorie du droit romain, de toute l'antiquité, de la féodalité et des coutumes.

Cela est vrai, en partie du moins, car nous devons faire observer qu'à Rome même, il y avait des exceptions au principe de l'assimilation ; qu'à l'époque de la féodalité, la solidarité existant alors entre les délinquants n'avait cependant que certains points de ressemblance avec notre législation actuelle en matière de complicité.

C'est seulement à l'époque coutumière, qu'avec la renaissance du droit romain, apparaît véritablement la théorie de l'assimilation.

C'est à tort que l'on a prétendu que cette théorie devait être adoptée, parce qu'elle était en quelque sorte consacrée par l'assentiment unanime des peuples.

En réalité c'est une loi romaine, et encore, disent quelques-uns, une loi romaine dont nous avons exagéré, sans le vouloir, la sévérité, car à côté de l'assimilation du complice à l'auteur principal, il y avait à Rome, disent-ils, une grande latitude laissée au juge chaque

fois qu'il s'agissait d'appliquer la loi. Ce pouvoir exceptionnel devait permettre au juge dans la pratique de
corriger, d'atténuer dans bien des cas l'excessive sévérité de la loi.

Il ne nous semble pas inutile de faire remarquer que
les circonstances atténuantes et la latitude laissée aux
magistrats de se mouvoir entre un maximum et un minimum, de baisser même la peine d'un degré dans la
plupart des cas, permettront aux juges et aux jurés dans
notre législation actuelle de corriger, eux aussi, l'extrême sévérité de la loi.

Un arrêt de la Cour de cassation, qui vient absolument à l'appui de ce que nous venons de dire, constate
en effet : « qu'il ne résulte pas de l'identité de peine que
le juge qui l'applique soit obligé de l'appliquer avec
égalité à l'auteur et au *complice* du crime, surtout lorsque la criminalité de chacun d'eux doit être par lui ap-
préciée suivant qu'elle lui paraît plus ou moins grande,
afin de le mettre à même de proportionner la peine au
délit ; que les mêmes principes s'appliquent au cas où
des circonstances atténuantes ont été déclarées par le
juge en faveur de l'auteur principal et du complice,
parce qu'alors la plus grande latitude accordée au juge
dans l'application de la peine par l'article 463 lui per-
met d'arriver à une proportion plus exacte encore entre
le degré de criminalité et le châtiment suivant les circonstances particulières à chaque accusé ».

Revenant à l'argument historique qu'invoquent nos

adversaires, nous ajouterons que, pour nous, il ne signifie absolument rien.

La théorie de l'assimilation a été faite pour des Sociétés barbares ; elle n'a plus de raison d'être dans notre Société civilisée où la *Justice* doit sans aucun doute avoir le pas sur l'*Utilité*.

Nous ferons remarquer en terminant que la plupart des nations étrangères et civilisées ont abandonné le principe de l'assimilation.

MM. Chauveau et Faustin-Hélie, dans leur théorie du Code pénal, ont parfaitement montré de quelle façon la loi aurait dû classer les divers coopérateurs d'un crime et proportionner la peine à la culpabilité de chacun d'eux :

« Il suffirait suivant nous, disent-ils, de reconnaître que toute participation, qu'elle soit antérieure ou concomitante au fait, morale ou matérielle, est de deux espèces, *principale* et *secondaire*. Les coupables par participation principale seraient les auteurs ; les coupables par participation secondaire, les complices. Les premiers seraient ceux qui auraient été *la cause* ou l'une des *causes* du crime ; les autres seraient ceux qui lui auraient prêté leur aide ou leur assistance, mais sans que leur concours en eût déterminé l'exécution.

« On devrait considérer comme auteurs principaux ou co-auteurs :

« Ceux qui donnent l'ordre d'exécuter le crime à des personnes qui sont soumises à leur autorité, ceux qui à l'aide de dons, de promesses ou de menaces provoquent une autre personne à le commettre.

« Enfin ceux qui participent d'une manière directe et immédiate à son exécution.

« On devrait considérer comme complices :

« Ceux qui provoquent aux crimes, mais sans employer les dons, les promesses et les menaces ;

« Ceux qui ont préparé les armes et les instruments nécessaires pour le commettre, sans participer à son exécution ;

« Ceux même qui participent à cette exécution, mais d'une manière indirecte ou accessoire.

« Enfin on devrait considérer, non comme complices, mais comme coupables d'un fait nouveau, d'un crime distinct :

« Ceux qui donnent asile aux coupables ;

« Ceux qui sciemment recèlent ou partagent les objets volés ».

Faustin-Hélie et Chauveau proposent ensuite de punir les co-auteurs « *de la peine infligée par la loi au crime* », les complices « *de la peine immédiatement inférieure* » et les recéleurs « d'une *peine distincte, celle du vol*, s'il s'agit *du recel d'objets volés* ».

En graduant d'une façon aussi parfaite l'échelle de la répression, les éminents criminalistes que nous venons de citer, ont su proportionner la peine à la culpabilité de chaque délinquant et au mal causé par le délit.

Aperçu historique.

Nous n'avons pas l'intention d'entrer dans de grands détails sur la complicité au point de vue historique.

Nous voulons seulement jeter un rapide coup d'œil sur les législations anciennes, l'époque coutumière et le droit intermédiaire.

Les législations anciennes admettaient généralement, comme la loi romaine que nous avons dû examiner d'une façon toute spéciale, le principe de l'assimilation.

La loi grecque admettait ce principe, ainsi que le prouve un texte qui nous a été conservé par Ulpien.

Dans l'Inde, celui qui s'était rendu coupable d'adultère avec une femme de famille illustre, était attaché sur un lit de fer chauffé au rouge.

En Egypte, celui qui négligeait de dénoncer à la justice un meurtre dont il avait été témoin, était battu de verges. Après quoi, on le privait de nourriture pendant trois jours.

Le principe de l'égalité des agents devant la loi et devant la peine se trouve consigné dans la législation Hébraïque.

Les textes sacrés ne s'occupent en matière de complicité que des délits contre les mœurs. C'est ainsi que nous voyons, dans ces textes, que l'homme adultère et la femme qui a manqué à la foi conjugale sont tous deux punis de la peine capitale par lapidation. Nous retrou--

vons donc ici encore l'assimilation, quant à la peine du complice à l'auteur principal.

Nous avons déjà dit que le principe d'assimilation existait dans toute loi s'inspirant du droit romain. C'est ainsi qu'il est nettement posé dans la loi wisigothe, sorte de compilation romaine.

Quant aux lois germaines, nous ferons remarquer qu'elles se proposent surtout deux buts : atteindre le coupable à tout prix, et le punir d'une peine pécuniaire. Peu importe les moyens employés pour y arriver ; c'est ainsi que si dans une orgie un meurtre vient à être commis, les survivants sont obligés ou de payer la composition pécuniaire ou de livrer le coupable qu'ils aient ou non pris part à ce meurtre. Cette sorte de solidarité qui, on le voit, diffère très sensiblement de notre complicité se retrouve dans le droit féodal.

Un crime est-il commis, le seigneur et ses vassaux en sont solidairement responsables, s'ils ne peuvent remettre le coupable entre les mains de la justice.

Si le principe de l'assimilation est admis par les peuples qui subissent l'influence du droit romain, par contre, toute loi qui ne s'inspire pas de ce droit, pose le principe de la distinction.

C'est ainsi que la loi Salique divise, en cas de meurtre, les agents du crime en trois catégories et les punit d'une amende ou *fredum* plus ou moins forte suivant la catégorie à laquelle ils appartiennent.

De même la loi galloise, qui nous a été conservée par

une compilation faite par l'ordre du Gouvernement anglais, distingue neuf complicités en cas d'incendie, et six en cas de meurtre.

A l'époque coutumière, l'influence du droit romain se fait de nouveau sentir, et avec elle reparaît la théorie de l'assimilation qui est alors consacrée par les criminalistes.

Le principe de l'assimilation est posé dans les Établissements de Saint Louis : « Li consenteour sont aussi bien punis comme li mauffetour » (livre I, ch. XXXII).

Beaumanoir, dans la coutume de Beauvoisis et Jean Boutellier, dans son Grand Coutumier, assimilent le complice à l'auteur principal.

Beaumanoir assimile également le recéleur au voleur : « Cil qui reçoit, la coze emblée a *escient* et set que elle fut emblée........., tous cil sunt coupables de larrecin ».

Plus tard, nous voyons des Ordonnances et des lois telles que l'Ordonnance de Blois rendue en 1579 et le Code Michaud, œuvre du chancelier de Marillac en 1629, qui regardent comme constante la règle de l'assimilation du complice à l'auteur principal.

Citons encore une Ordonnance de 1515, rendue sous le règne de François Ier, qui punit de la même peine les braconniers et ceux qui achètent le gibier provenant du braconnage.

A l'époque de la Révolution on conserva la règle de l'assimilation ainsi que nous le voyons par le Code pénal du 25 septembre-6 octobre 1791.

Nous ferons remarquer, toutefois, que sous l'empire de ce Code ainsi que sous celui du Code de brumaire an IV, la jurisprudence décidait que le complice ne subissait l'aggravation de pénalité, due aux circonstances aggravantes, que s'il avait connu ces circonstances au moment où il avait prêté son concours à l'auteur principal.

Après le Code de 1791, nous arrivons à notre Code pénal actuel, promulgué en 1810 et modifié par la loi du 28 avril 1832.

Aux termes de l'article 59 de notre Code : « Les complices d'un crime ou d'un délit seront punis de la même peine que les auteurs mêmes de ce crime ou de ce délit, sauf les cas où la loi en aurait disposé autrement. »

L'article 61 assimile aux complices ceux qui connaissant la conduite criminelle des malfaiteurs, leur fournissent habituellement logement, lieu de retraite ou de réunion, et, aux termes de l'article 62 du même Code : « Ceux qui sciemment auront recélé, en tout ou en partie, des choses enlevées, détournées ou obtenues à l'aide d'un crime ou d'un délit, seront aussi punis comme complices de ce crime ou de ce délit. Ainsi, notre Code pénal assimile complètement les complices et les recéleurs aux auteurs principaux. Il les punit de la même peine, sauf de rares exceptions dont deux concernant les recéleurs sont prévues par l'article 63 de notre Code pénal ainsi conçu : « Néanmoins la peine de mort lorsqu'elle sera applicable aux auteurs des crimes, sera remplacée à l'égard des recéleurs par celles des travaux forcés à perpétuité.

« Dans tous les cas les peines des travaux forcés à perpétuité ou de la déportation, lorsqu'il y aura lieu, ne pourront être prononcées contre les recéleurs qu'autant qu'ils seront convaincus d'avoir eu, au temps du recélé, connaissance des circonstances auxquelles la loi attache les peines de mort, des travaux forcés à perpétuité et de la déportation, sinon ils ne subiront que la peine des travaux forcés à temps. »

Aperçu des législations étrangères.

Il ne nous paraît pas inutile de placer ici un aperçu des législations étrangères.

On peut diviser les principales législations étrangères en trois Écoles :

L'École de l'Assimilation.

L'École Mixte.

L'École de la Distinction.

École de l'Assimilation.

États-Unis. — M. Livingston, dans son projet du Code pénal de la Louisiane, assimile les complices aux auteurs principaux. Il fait, toutefois, une exception en faveur des agents postérieurs qu'il punit de peines beaucoup plus légères. Un système à peu près semblable est suivi dans l'État de New-York.

Deux-Siciles. — Autrefois, il fallait encore ranger les Deux-Siciles au nombre des législations étrangères suivant le système de l'assimilation.

École Mixte (Angleterre).

La loi anglaise sépare les coopérateurs en principaux et accessoires (*principals and accessaries*).

Puis, elle divise les principaux auteurs en deux classes : le *principal in the first degree*, qui n'est autre que l'exécuteur du crime ; et le *principal in the second degree*, celui qui a prêté son aide ou son assistance.

La peine infligée à l'auteur principal *in the first degree* et à l'auteur principal *in the second degree* est d'ordinaire la même. Cependant, la peine de mort n'est jamais applicable aux principaux du second degré et est remplacée pour eux par la peine de la transportation.

Les *accessoires* sont les coopérateurs qui n'étaient pas présents à l'exécution du crime.

On distingue *les accessoires avant le fait*, par exemple ceux qui ont ordonné, conseillé ou préparé le crime, *et les accessoires après le fait*, par exemple ceux qui ont reçu les coupables ou recélé les objets volés.

Nous ferons remarquer que les accessoires avant le fait sont punis de la même peine que les auteurs principaux, dans les cas de meurtre, de vol et de faux, et, dans les autres cas, d'une peine inférieure, tandis que les accessoires après le fait sont toujours punis d'une peine inférieure.

Remarquons encore que pour distinguer l'auteur principal du complice, la loi anglaise se demande seulement si l'agent a ou n'a pas pris part à l'acte matériel du crime lui-même. Cet agent y a-t-il pris part ? il est considéré comme auteur principal. Dans le cas contraire, il n'est regardé que comme complice. D'où l'on peut conclure, qu'en Angleterre, la participation intellectuelle est toujours regardée comme une participation accessoire.

Ecole de la Distinction.

Italie. — Le Code du royaume d'Italie distingue les auteurs, les agents principaux et les complices.

Les auteurs principaux sont ceux qui ont personnellement commis les infractions prévues par la loi pénale.

Les agents principaux sont :

Art. 107. — « 1° Ceux qui ont donné mandat pour commettre un crime, un délit ou une contravention ;

« 2° Ceux qui par dons, promesses, menaces, abus d'autorité ou de pouvoir, ou par artifices coupables, ont entraîné quelqu'un à commettre une de ces infractions ;

« 3° Ceux qui ont participé immédiatement et par leur fait, à l'exécution du crime, du délit ou de la contravention, ou qui, dans l'acte même d'exécution, ont efficacement prêté une aide pour en procurer la consommation ».

Les complices sont :

Art. 108. — « 1° Ceux qui ont provoqué à une « infraction ou qui ont donné des instructions ou des directions pour la commettre ;

« 2° Ceux qui ont procuré des armes, des instruments ou tout autre moyen qui ait servi à commettre l'infraction, sachant qu'ils devaient y servir ;

« 3° Ceux qui, sans participer immédiatement à l'exécution du crime, du délit ou de la contravention, ont, avec connaissance, aidé ou assisté l'auteur ou les auteurs de l'infraction, dans les faits qui l'ont préparée ou facilitée, ou dans ceux qui l'ont consommée ».

D'après l'article 109 :

« Les agents principaux sont punis de la même peine que les auteurs de l'infraction.

« Les complices seront punis comme les auteurs de l'infraction, quand leur coopération sera telle, que, sans elle, l'infraction n'eût pas été commise.

« Dans les autres cas, la peine encourue par les complices sera diminuée d'un à trois degrés suivant les circonstances ».

Quant au recel, dont le Code italien ne s'occupe qu'à propos du vol, il est puni comme acte de complicité, lorsqu'avant le crime il y a eu entente entre les auteurs principaux et les recéleurs. Dans les autres cas, il est puni comme une infraction spéciale.

Prusse. — On distingue seulement :

Les auteurs immédiats qui sont ceux qui ont donné naissance au crime. La même peine leur est appliquée.

Les auteurs médiats qui ont aidé les auteurs immédiats pendant, avant ou après l'exécution de l'infraction.

Allemagne. — (Etats secondaires tels que Wurtemberg, Bade, Saxe). — On distingue :

1° Les auteurs principaux et les co-auteurs qui leur sont assimilés ;

2° Les complices ;

3° Les fauteurs qui ont aidé les auteurs après l'exécution de leur crime.

Les complices sont punis d'une peine inférieure à celle qu'encourent les auteurs principaux et les fauteurs d'une peine inférieure à celle infligée aux complices.

On doit également ranger parmi les nations qui ont adopté le système de la distinction :

Les Pays-Bas ;

La Belgique ;

Et l'Autriche.

Remarquons en terminant que la législation autrichienne a fait du *recel* un crime à part.

Elle a considéré, en outre, comme punissable le fait par un individu présent à un crime de ne l'avoir pas empêché, alors que cela lui aurait été facile.

Que conclure de cette étude rapide des principales législations étrangères ? La plupart des lois que nous avons examinées repoussent, au moins en partie, le système de l'assimilation, et celles qui l'admettent, ne l'admettent qu'avec certains tempéraments que nous regrettons de ne pas trouver dans notre Code pénal.

CHAPITRE PREMIER

CAS DE COMPLICITÉ PRÉVUS PAR L'ARTICLE 60.

§ 1. — ARTICLE 60. — **Premier alinéa.** — **Complicité
par provocation.**

« Seront punis comme complices d'une action qualifiée crime ou délit, ceux qui, par dons, promesses, menaces, abus d'autorité ou de pouvoir, machinations ou
artifices coupables, auront provoqué à cette action ou
donné des instructions pour la commettre. »

Les complices proprement dits sont ceux qui ont aidé
les auteurs principaux dans la perpétration de leurs
crimes.

Mais, à côté de ces hommes qui ont apporté un
concours efficace à l'exécution du crime, mais dont le
concours n'était cependant pas indispensable à sa réalisation, il faut placer deux autres sortes de délinquants.
Nous voulons parler des auteurs intellectuels et des
recéleurs que notre Code a cru devoir ranger au nombre
des complices.

L'auteur intellectuel est celui qui a exercé sur l'esprit
de l'auteur matériel, autrement dit de celui qui a exécuté matériellement l'acte criminel, une influence si
grande qu'il l'a déterminé à commettre l'acte dont il a
à répondre aujourd'hui devant la justice du pays.

5

Ici se place une question qui est vivement controversée.

Une personne « par dons, promesses, menaces, abus
d'autorité ou de pouvoir, machinations ou artifices coupables » détermine quelqu'un à commettre un crime,
par exemple à assassiner l'un de ses ennemis. Prise de
remords, elle veut révoquer le mandat qu'elle a donné,
mais malheureusement il est trop tard, et l'assassin
qu'elle a soudoyé, a déjà enfoncé le poignard dans le
sein de la victime. Celle-ci a rendu le dernier soupir.

Faut-il dire, avec certains criminalistes, qu'il n'y a
pas lieu de tenir compte à cette personne des efforts
qu'elle a faits pour empêcher l'exécution de son funeste
projet, et que c'est tout au plus si, en considération de
son repentir, on pourrait lui accorder le bénéfice des
circonstances atténuantes ?

Devrons-nous admettre la même conclusion que Rossi ?
« C'est le cas, dit-il, de l'homme qui, après avoir mis le
poison à la portée de celui qu'il veut empoisonner et
s'être éloigné, saisi de repentir, revient précipitamment
sur ses pas pour empêcher la consommation du crime,
et trouve que la potion fatale a déjà porté la mort dans
les entrailles de la victime. Le mourant peut lui pardonner ; la justice ne lui pardonne pas ».

Nous n'admettons pas cette conclusion et nous pensons, au contraire, avec un éminent criminaliste M. Bertauld, qu'il y a lieu de ne faire aucun état de cette complicité, et que la justice, elle aussi, doit pardonner.

« Si cette personne a agi, dit M. Bertauld, si elle a pu surtout avoir raisonnablement l'espérance d'agir à temps, l'accident qui aura trompé ses espérances, la précipitation mise par l'agent d'exécution, l'impossibilité fortuite de le rencontrer, de lui donner un salutaire avertissement, tout cela ne saurait paralyser les conséquences d'un véritable retour au bien et donner à la Société le droit de punir une complicité qui pourrait n'être qu'une monstrueuse fiction » (*Droit criminel*, page 433).

Nous avons déjà indiqué ce qu'il fallait entendre par auteur intellectuel ; nous avons dit que notre Code pénal faisait rentrer les auteurs intellectuels dans la classe des complices.

Les auteurs intellectuels sont ceux qui sciemment et dans certaines conditions indiquées par le Code ont provoqué à commettre un crime ou un délit.

Le paragraphe 1er de l'article 60, qui s'occupe des auteurs intellectuels contient une énumération (dons, promesses, menaces, abus d'autorité ou de pouvoir, machinations ou artifices coupables), énumération qui, comme presque toutes les énumérations de notre Code pénal est essentiellement limitative.

On ne saurait donc y faire entrer tous les auteurs intellectuels ou provocateurs.

Un certain nombre d'entre eux échapperont donc à tout châtiment. Si blâmables que puissent être leurs actions, au point de vue moral, on ne peut en effet leur infliger une peine s'ils ne se sont pas servi, dit Ortolan, d'un des moyens de pression ou d'influence décisive énumérés dans l'article 60.

La criminalité de ces auteurs intellectuels, dont ne parle pas notre Code pénal, sera souvent égale et quelquefois même plus grande que celle de l'auteur matériel, mais cette criminalité est toute subjective et notre Code n'a voulu atteindre que la criminalité objective. Leurs actes demeureront donc, en l'absence de toute disposition pénale les concernant, forcément impunis.

C'est ce que décide également la jurisprudence qui n'a cessé de refuser de voir une complicité punissable dans les faits de complicité autres que ceux expressément prévus par le Code. C'est ainsi que le 16 décembre 1852, la Cour de cassation a cassé une condamnation prononcée par le deuxième conseil de guerre de la division d'Oran contre deux soldats reconnus coupables de complicité dans une tentative de meurtre « sachant qu'on allait le commettre et sans s'y opposer. »

« Attendu, disait cet arrêt, que la complicité d'une action qualifiée crime ou délit, consiste dans des faits ou actes spécialement déterminés par la loi ; qu'on ne saurait leur assimiler l'inaction de celui qui ne s'oppose pas à la perpétration d'un crime ou d'un délit, quelque blâmable que puisse être cette inaction au point de vue de la morale et de l'humanité ; attendu que l'article 60 du Code pénal déclare complice d'une action qualifiée crime ou délit 1°..., 2°..., 3°... ; attendu que les faits énoncés..... ne présentent pas les caractères de la complicité, tels qu'ils sont spécifiés par l'article 60 précité ; qu'ils ne pouvaient servir de base à la condamnation prononcée par le jugement précité ; Casse, etc. ».

Ainsi, les seuls auteurs intellectuels qui pourront encourir une peine seront ceux qui se seront servi d'un des moyens de pression ou d'influence indiqué dans le paragraphe 1er de l'article 60.

Ces moyens de pression ou d'influence, dit Ortolan, se rapportent soit à la cupidité (dons ou promesses), soit à la crainte (menaces, abus d'autorité ou de pouvoir), soit à l'erreur (machinations ou artifices coupables).

Certaines des expressions dont se sert l'article 60 ont besoin de quelques explications. Ainsi, on peut se demander ce qu'a voulu dire le législateur par ce mot: abus d'autorité.

Rappelons-nous tout d'abord, qu'en matière de droit pénal, tout est de droit très étroit et qu'il faut se garder des analogies. C'est ainsi que la jurisprudence n'a pas hésité à écarter le simple conseil (Cassation, 24 novembre 1809, 2 juillet 1813, 28 juin 1826, 5 février 1824; Cour de Rouen, 12 février 1887).

Que faut-il penser de l'ordre donné à un subordonné par un supérieur hiérarchique ?

Cet ordre a-t-il été donné à un soldat par un supérieur militaire, nous croyons qu'il ne peut être ici un seul instant question de complicité. Il n'y a alors, en réalité, qu'un seul auteur et cet auteur n'est autre que le supérieur militaire. Le soldat ne doit pas discuter les ordres qui lui sont donnés. La discipline l'oblige à obéir. Il n'est pas juge de l'utilité ou de l'inutilité de l'acte qui lui est commandé.

Que dis-je ! le soldat aurait-il la conviction intime, qu'en suivant l'ordre de son chef, il sort de la légalité, qu'il viole même le plus sacré de tous les droits, il doit encore obéissance. Il n'est qu'une machine aux ordres de ses chefs et le véritable, le seul auteur est ici l'auteur intellectuel, le supérieur militaire qui a donné l'ordre au soldat.

D'ailleurs, d'après l'article 217 de la loi militaire : « Sont considérés comme en état de révolte et punis de mort : 1° les militaires sous les armes, qui, réunis au nombre de quatre au moins et agissant de concert, refusent à la première sommation d'obéir aux ordres de leur chef ».

Mais si *cet ordre*, au contraire, est donné par un fonctionnaire civil à l'un de ses subordonnés, cet ordre n'est autre chose qu'un conseil auquel la fonction dont est revêtu le magistrat qui donne l'ordre, donne sans doute plus de poids, mais que le subordonné ne doit pas hésiter un seul instant à violer, s'il a la certitude qu'on lui commande de commettre un acte qui est contraire à la loi. Si ce subordonné vient, obéissant aux injonctions de son chef, à commettre un crime ou un délit, le fonctionnaire civil sera condamné comme complice, le subordonné devra l'être comme auteur.

Donc les faits non prévus par l'article 60, tels que le simple conseil ou le mandat ne doivent pas être regardés comme des faits de complicité et doivent demeurer impunis.

L'article 60 ajoute encore *in fine* à l'énumération que nous avons déjà donnée « ceux qui par dons, promesses, menaces, abus d'autorité, etc... auront provoqué à cette action... » ces mots : ou donné des instructions pour la commettre.

On s'est demandé si ces instructions dont parle notre article, doivent nécessairement être accompagnées de dons, promesses, etc.

Nous ne le croyons pas. Pour nous, le sens de l'article 60 est celui-ci : « Seront punis comme complices ceux qui par dons, promesses (etc.) auront provoqué au crime ou ceux qui auront donné des instructions pour le commettre.

Nous avons déjà vu que les menaces rentraient dans l'énumération de l'article 60, énumération, qui, nous l'avons fait remarquer, est essentiellement limitative. Que faut-il entendre par ces mots menaces ? Nous croyons que le Code désigne par là tout acte qui est de nature à faire naître la crainte d'un mal considérable et actuel. Peu importe, pensons-nous, que les menaces s'adressent au provoqué lui-même ou à des personnes qui lui tiennent de près, telles que ses père, mère, frères, sœurs ou descendants en ligne directe.

Les juges ou les jurés auront à apprécier si les menaces qui ont été adressées au provoqué étaient assez graves pour le déterminer à commettre le crime ou le délit. Il faut sur ce point laisser aux tribunaux un certain pouvoir d'appréciation.

Deux autres expressions de l'article 60 § 1er ont fait l'objet de quelques controverses.

Il s'agit de savoir si la déclaration du jury portant qu'il y a eu des provocations par machinations ou artifices doit constater expressément, à peine de nullité, que ces machinations ou artifices ont été coupables.

En ce qui concerne les artifices, la Cour de cassation a annulé, à la date du 27 octobre 1815, un arrêt de Cour d'assises rendu à la suite de la déclaration d'un jury qui avait reconnu l'accusé complice par artifices sans la qualification *coupables*. Il est à remarquer que si la Cour de cassation n'avait pas cassé cet arrêt, elle aurait été contre la lettre même du Code. Nous croyons donc, avec la jurisprudence, que si l'accusé est déclaré par le jury complice par artifices sans la qualification *coupables*, il ne doit pas être condamné.

En ce qui concerne les machinations, doit-on de même exiger cette qualification *coupables* ? Ici, nous ne nous trouvons pas comme tout à l'heure en présence d'un texte de loi exigeant cette qualification, et la question est, par conséquent, plus délicate.

La Cour de cassation a décidé à plusieurs reprises qu'il n'était pas nécessaire pour prononcer une condamnation contre l'accusé que la réponse du Jury constatât que les machinations avaient été *coupables*. C'est ainsi que dans un arrêt, en date du 15 mars 1816, la Cour décide que (l'accusé) « ne peut se prévaloir utilement de ce que le Jury dans sa réponse, n'aurait pas ajouté le mot coupable à celui de machination : qu'en effet, dans le sens de l'article 60 du Code pénal, ce mot machination, qui ne se prend jamais qu'en mauvaise part, présente seul, et par lui-même, une prévention de culpabilité qui, dans ce même article, se réfère seulement au mot artifice, pour caractériser la moralité de ce mode de provocation à un crime ; qu'ainsi, la réponse du Jury était suffisante pour établir les caractères de complicité déterminés par le premier paragraphe de l'article 60 du Code pénal ».

Cette opinion de la Cour de cassation est loin d'être partagée, et avec raison, croyons-nous, par toute la doctrine.

M. Carnot est d'avis que la qualification *coupables* s'applique aussi bien aux machinations qu'aux artifices. D'après lui, si la qualification *coupables* ne se trouve qu'après le mot *artifices*, c'est que les rédacteurs du Code ont voulu éviter une répétition inutile.

MM. Chauveau et Faustin Hélie sont du même avis :

« L'expression de *machinations* n'emporte pas avec elle, disent-ils, une telle idée de criminalité qu'il soit inutile d'y ajouter la qualification de *coupables* ; les jurés seraient exposés à confondre de simples manœuvres avec des manœuvres criminelles ; et ces dernières seules peuvent être un élément de complicité. » (*Théorie du Code pénal*, page 464, tome 1er.)

§ 2. — ARTICLE 60. — Deuxième Alinéa.

« Ceux qui auront procuré des armes, des instruments ou tout autre moyen qui aura servi à l'action, sachant qu'ils devaient y servir ».

La Cour de cassation a jugé à plusieurs reprises que celui qui avait fourni les armes ne se rendait *complice* que lorsqu'il *savait* que ces armes devaient servir à l'action qualifiée délit : qu'il ne suffisait pas qu'il ait su que ces armes pouvaient servir à une telle action (Cassation, 18 mai 1844-18 août 1849).

Nous n'avons qu'une seule remarque à faire relativement à ce second alinéa de l'article 60.

En cas de crime, le Jury doit être spécialement interrogé sur le point de savoir si l'accusé savait que les armes ou instruments qu'il fournissait devaient servir à un acte criminel. La réponse du Jury doit donc et constater le fait matériel, la fourniture des armes ou instruments, et constater expressément que l'accusé savait l'usage coupable qui allait en être fait.

En assimilant ceux qui ont fourni les armes et les instruments à ceux qui s'en sont servis, en édictant contre les uns et les autres la même peine, la loi s'est montrée injuste, et l'on ne peut que répéter avec MM. Chauveau et Faustin-Hélie : « Il est impossible de ne pas apercevoir une différence bien tranchée entre l'agent qui provoque ou exécute l'action criminelle, et celui qui, sans y participer personnellement, fournit les instruments nécessaires pour le commettre. Celui-ci n'est point la cause immédiate du crime, il n'y coopère que d'une manière indirecte ; la loi qui le rend responsable au même degré que les auteurs principaux est donc injuste ».

§ 3. — ARTICLE 60. — **Troisième alinéa. — Complices par aide et assistance ou complices proprement dits.**

« Ceux qui auront, avec connaissance, aidé ou assisté l'auteur ou les auteurs de l'action dans les faits qui l'auront préparée ou facilitée, ou dans ceux qui l'auront consommée sans préjudice des peines qui seront portées par le présent Code contre les auteurs de complots ou de provocations attentatoires à la sûreté intérieure ou extérieure de l'État, même dans le cas où le crime qui était l'objet des conspirateurs ou des provocateurs n'aurait pas été commis. »

Nous voici arrivés à la complicité proprement dite. Ceux, dit la loi, qui auront avec connaissance aidé à préparer, faciliter ou consommer le crime ou le délit sont des complices et seront punis de la même peine que les auteurs principaux.

Les préparatifs consistent, par exemple à placer sur le mur l'échelle qui permettra aux malfaiteurs auteurs principaux de s'introduire dans la maison où ils ont l'intention de commettre un vol.

Les facilités données aux auteurs principaux consistent par exemple à leur fournir logement, lieu de retraite ou de réunion, mais dans le cas seulement où ces individus savent qu'en fournissant ce logement, ils facilitent tel crime ou tel délit déterminé. Dans le cas contraire, c'est-à-dire si ces individus ignoraient quel crime ou quel délit ils allaient faciliter ils tomberaient, nous le verrons plus tard, non sous le coup de l'article 60, mais sous celui de l'article 61 et seraient punis comme recéleurs. Il y a encore d'autres façons de faciliter un crime ou un délit, par exemple en faisant le guet pour permettre à l'auteur principal de commettre le crime.

Enfin ceux, dit le paragraphe 3 de l'article 60, qui auront aidé à consommer le crime.

Nous faisons remarquer, qu'ici, il sera souvent difficile de savoir si celui qui a secondé l'auteur principal est un co-auteur ou seulement un complice.

Secundus auteur principal, frappe *Primus* avec un poignard, tandis que *Tertius* le tient pour l'empêcher de s'évader. *Tertius* est-il co-auteur ou simplement complice?

Cette question semble avoir divisé les auteurs, et la jurisprudence paraît presque toujours avoir décidé que celui qui tient ainsi la victime tandis qu'un autre la frappe est un co-auteur.

C'est cette dernière solution que donnait le droit romain.

Quant à nous, nous pensons qu'il y a là une question de fait laissé à l'appréciation des magistrats et des jurés.

Pour bien comprendre notre pensée, il ne faut pas perdre de vue que les auteurs principaux sont ceux dont l'intervention était indispensable à la réalisation du délit. En partant de ce principe, voici comment il nous faut raisonner pour arriver à notre conclusion.

Le juge d'instruction, puis la Chambre des mises en accusation, puis (si le fait est passible de la Cour d'assises) le procureur général qui fera le réquisitoire définitif, examineront s'il semble résulter des faits de la cause que l'intervention de *Tertius* a été indispensable à la réalisation du délit ; ou si, au contraire, le crime aurait pu être commis sans l'intervention de *Tertius*.

Au premier cas, le réquisitoire définitif devra poursuivre *Tertius* comme co-auteur ; au second cas, il visera les articles 59 et 60 § 3 du Code pénal, articles relatifs à la complicité et *Tertius*, par conséquent, ne sera poursuivi que comme complice.

On voit, d'après cet exemple, que ce cas de complicité ne pourra se rencontrer que très rarement.

CHAPITRE II

INFLUENCE DES CIRCONSTANCES AGGRAVANTES EN MATIÈRE DE COMPLICITÉ.

Nous allons maintenant nous demander quelle est l'influence des circonstances aggravantes en matière de complicité.

Le complice subit-il les circonstances aggravantes ?

Le complice pour subir l'aggravation édictée par la loi doit-il avoir eu connaissance des circonstances aggravantes qui ont *précédé, accompagné* ou *suivi* le crime ou le délit ?

En effet, s'agit-il du crime ou du délit lui-même auquel le complice a participé soit en le préparant, soit en le facilitant, soit en fournissant des instruments pour le commettre, nul doute que cette connaissance ne soit exigée.

Il est indispensable de prouver que c'est *sciemment* que le complice a aidé l'auteur principal, car ici, comme l'a très bien dit Ortolan : « la connaissance est une condition *sine qua non* dont l'existence doit être expressément constatée et déclarée ». Et c'est avec raison que la Cour de cassation a décidé, à plusieurs reprises, qu'en matière criminelle le verdict du jury devait constater cette connaissance à peine de nullité.

Il en était de même pour les circonstances aggravantes sous l'empire du Code pénal de 1791. La jurisprudence exigeait alors que les complices aient eu connaissance des circonstances aggravantes du crime pouvant amener une modification dans la pénalité.

Ainsi, en matière d'assassinat (l'assassinat n'étant, on le sait, autre chose qu'un meurtre avec préméditation), il fallait examiner si le complice avait su que l'auteur principal avait prémédité son crime. Si oui, il était puni des peines de l'assassinat, c'est-à-dire de la peine de mort.

Au contraire, le complice pouvait-il prouver qu'il n'avait pas eu connaissance de la préméditation, il n'était passible que de la peine du meurtre, c'est-à-dire de la peine des travaux forcés à perpétuité.

Mais, il n'en est plus de même depuis la promulgation du Code de 1810 et, aujourd'hui, la Cour de cassation est d'avis que le complice subit toujours les circonstances aggravantes relevées contre l'auteur principal, qu'il ait eu ou non connaissance de ces circonstances aggravantes.

Quelles sont donc les causes de nature à aggraver la peine ? Telle est la question que nous avons à examiner ; en d'autres termes, quelle est la théorie des circonstances aggravantes ?

Ces causes peuvent être de trois natures différentes : réelles, personnelles ou mixtes.

Réelles, lorsqu'elles tiennent à des circonstances dérivant du fait lui-même.

Personnelles, lorsqu'elles tiennent à des circonstances dérivant des qualités personnelles à l'auteur lui-même.

Mixtes, lorsqu'elles tiennent à des circonstances qui, tout en n'étant pas sans exercer quelque influence sur le fait lui-même, dérivent cependant de qualités personnelles à l'auteur.

Circonstances réelles.

Aucune difficulté sérieuse ne se présente en ce qui concerne les circonstances réelles. Le complice supporte l'aggravation résultant d'une circonstance dérivant du fait lui-même. Par exemple, celui qui met le feu à un bâtiment est puni de la peine des travaux forcés à perpétuité. Mais, si ce bâtiment était habité, servait à l'habitation ou dépendait d'une maison habitée, la peine prononcée contre l'auteur principal de l'incendie est la peine de mort.

Le complice de l'incendie commis dans de semblables conditions sera, si le Jury n'admet pas en sa faveur des circonstances atténuantes, puni également de la peine de mort. Ce point n'a jamais donné lieu à aucune controverse.

Remarquons, en passant, que le jury n'a pas le pouvoir de déclarer que l'aggravation existe en ce qui concerne l'auteur principal, mais qu'elle n'existe pas en ce qui concerne le complice.

Nous avons déjà dit que le complice devait supporter les circonstances aggravantes alors même qu'il les aurait ignorées. Ce système consacré, d'ailleurs, par la jurisprudence conduit à des conséquences si regrettables que certains jurisconsultes ont soutenu avec force que l'on avait mal interprété la pensée du législateur et que ce n'était pas là le système de la loi. Les partisans de ce système s'appuient sur l'article 60, article, qui, on le sait, déclare complices ceux qui auront avec connaissance aidé ou assisté l'auteur ou les auteurs de l'action. Ils soutiennent que l'on n'a pas la connaissance exigée par l'article 60, lorsqu'on ignore les plus graves circonstances du crime, et ils font remarquer que, pour la complicité de même que pour les autres faits punissables, ce n'est pas la matérialité de l'action, mais sa moralité que l'on doit examiner.

« Quand il est déclaré, s'écrie l'un de ces jurisconsultes, M. de Molènes, que celui qui fait le guet n'a point agi avec connaissance, son action n'est ni crime, ni délit. Mais, s'il en est ainsi du défaut de connaissance qui enlève toute culpabilité à l'action, il en doit être nécessairement de même du défaut de connaissance qui atténue la culpabilité ».

Un certain nombre d'auteurs, au nombre desquels figure M. Bertauld, admettent le complice non à prouver, comme dans le système précédent, qu'il n'a pas eu connaissance des circonstances aggravantes qui ont ac-

6

compagné le crime ou le délit, mais qu'il les a formellement repoussées.

Ces deux systèmes doivent être écartés. Il ne faut pas oublier, en effet, qu'en droit, les infractions sont indivisibles et, qu'en l'absence d'un texte formel, il n'est pas possible d'admettre que l'on puisse être complice d'un fait seulement pour partie.

Comme l'a dit M. Target dans son exposé des motifs : « Quand la peine serait portée à la plus grande rigueur par l'effet des circonstances aggravantes, il paraît juste que cet accroissement de sévérité frappe tous ceux qui, ayant préparé, aidé ou favorisé le crime, se sont soumis à toutes les chances des événements et ont consenti à toutes les suites du crime ».

Enfin, il y a un autre argument, et celui-là est décisif (Thèse de la Cour de cassation).

Dans un cas spécial, celui de l'article 63, le législateur a exigé que le complice ait connaissance des circonstances aggravantes qui ont accompagné le crime ou le délit pour qu'il supporte l'aggravation de peine qui en est la conséquence. Il est donc évident que le complice supporte, dans tous les autres cas non prévus par l'article 63, les circonstances aggravantes, les eût-il même ignorées. Autrement, cet article n'aurait sur ce point aucune raison d'être.

Nous n'avons parlé que de l'aggravation de peine, nous faisons remarquer qu'il en serait de même de l'atténuation.

Circonstances personnelles.

Ici encore nous ne trouvons aucune difficulté sérieuse. Le complice n'a pas à supporter l'aggravation ou l'atténuation résultant des circonstances dérivant de qualités personnelles à l'auteur même du crime ou du délit ; telles que l'âge, l'état de récidive, l'absence de condamnations antérieures.

Ainsi, l'auteur principal, mineur de seize ans, est-il déclaré par le jury avoir agi sans discernement, le complice, majeur, ne profitera pas de cette cause d'atténuation, purement personnelle à l'auteur principal.

L'auteur principal avait-il déjà subi des condamnations et voit-il sa peine portée, par exemple au maximum ou même élevée d'un degré par suite de l'état de récidive dans lequel il se trouve, le complice n'aura pas à souffrir cette aggravation de peine.

L'auteur principal n'avait-il pas subi de condamnation, la Cour pourra dans certains cas, après la réponse affirmative du jury, lui faire application de la loi Bérenger ; elle ne sera pas pour cela obligée d'accorder le bénéfice de cette loi au complice, alors même que celui-ci n'aurait jamais subi de condamnation.

Il faut remarquer que le complice qui ne profite pas de l'atténuation de peine dérivant de qualités personnelles à l'auteur principal et qui ne supporte pas l'aggravation de peine provenant de qualités personnelles à cet auteur, profite de l'atténuation de peine résultant de circonstances à lui personnelles et subit l'aggravation de peine provenant de circonstances qui lui sont également personnelles. C'est ainsi que le complice, mineur de seize ans, pourrait, par suite d'une déclaration du jury portant qu'il a agi sans discernement, être acquitté et remis à ses parents, alors que l'auteur principal serait condamné aux peines les plus sévères.

Circonstances mixtes.

Nous venons de voir qu'il n'existe aucune difficulté sérieuse en ce qui concerne soit les circonstances réelles, soit les circonstances personnelles.

Les premières aggravent la situation du complice, les secondes ne modifient en rien cette situation.

Nous allons voir qu'il n'en est pas de même en ce qui concerne les circonstances mixtes, c'est-à-dire celles qui tiennent à des circonstances qui, tout en n'étant pas sans exercer quelque influence sur le fait lui-même, dérivent cependant de qualités personnelles à l'auteur.

Nous nous trouvons ici en présence de réelles difficultés. Pour nous, il n'y a qu'un moyen de savoir si le complice doit supporter l'aggravation de peine résultant de la circonstance mixte. Ce moyen consiste à rechercher si la circonstance mixte est plutôt personnelle que réelle. Nous croyons que la circonstance mixte est plutôt réelle, c'est-à-dire inhérente au fait lui-même.

Cette solution nous est commandée par l'article 59 lui-même. L'article 59 dit en effet :

« Les complices d'un crime ou d'un délit seront punis de la même peine que les auteurs mêmes de ce crime ou de ce délit (sauf les cas où la loi en aurait disposé autrement) ».

Or quelle est la signification véritable de cet article ?

L'article 59 ne signifie pas que l'auteur principal et le complice doivent être nécessairement punis de la même peine de fait. Par exemple, que si l'on condamne l'auteur principal à vingt années de travaux forcés, le complice devra être, lui aussi, nécessairement condamné à vingt années de travaux forcés. Le complice pourra fort bien, par suite de l'indulgence de la Cour n'être condamné qu'au minimum de la peine à cinq années de travaux forcés, ou même, le jury ayant reconnu en sa faveur des circonstances atténuantes, dont il n'a pas jugé digne l'auteur principal, seulement à la peine de deux années d'emprisonnement.

Comme l'a très bien fait remarquer M. Ortolan, l'article 59 veut dire que les complices « seront punis de la même peine que celle prononcée par la loi contre le crime ou le délit commis par l'auteur principal », c'est-à-dire de la même peine de droit, mais non pas, nous le répétons, nécessairement de la même peine de fait. « En un mot, ajoute l'éminent criminaliste, c'est la culpabilité abstraite, absolue, qui est mise pour tous sur le même niveau ; mais la culpabilité individuelle,

avec tous les moyens que notre loi a laissés au juge pour
en tenir compte, reste propre à chacun personnellement ».

Ainsi, le complice doit être puni de la même peine de
droit que celle prononcée par la loi contre le crime ou le
délit commis par l'auteur principal ; or, le crime ou le
délit commis par l'auteur principal, n'est autre chose
que le fait matériel sur lequel vient se greffer la qualité
personnelle de l'auteur, qualité qui, nous le savons,
constitue une circonstance aggravante de nature à aug-
menter la peine.

On voit par là, que la circonstance mixte est plutôt
réelle que personnelle, et que le complice doit supporter l'aggravation de peine résultant de la circonstance
mixte, comme nous avons vu déjà qu'il devait supporter cette aggravation, lorsqu'elle résulte d'une circonstance réelle.

Mais ici se place une question vivement controversée.
Est-il nécessaire, pour que le complice subisse cette aggravation, que le jury ait déclaré coupable l'auteur principal ?

En d'autres termes, dans le cas où l'auteur principal
a été acquitté par le jury, le complice subit-il l'aggravation qui l'aurait certainement atteint si l'auteur principal avait été déclaré coupable ?

Prenons un exemple : Secundus est accusé d'avoir
tué son père Primus, et Tertius est accusé d'avoir aidé
Secundus à commettre ce crime.

Le jury revient avec un verdict négatif en ce qui touche Secundus, et affirmatif, sans circonstances atténuantes, en ce qui touche Tertius.

A quelles peines la Cour devra-t-elle condamner Tertius ? aux peines du parricide, c'est-à-dire à la peine de mort, ou aux peines du meurtre, c'est-à-dire à celle des travaux forcés à perpétuité ? Certains jurisconsultes, au nombre desquels se trouve M. Bertauld, sont d'avis que l'accusé Tertius doit être condamné seulement aux peines du meurtre. En effet, disent ces jurisconsultes, Secundus a été reconnu non coupable par le jury ; il n'a donc pu apporter aucune aggravation à l'infraction, par suite de sa qualité de fils de la victime ; l'infraction n'est donc qu'un simple meurtre, et c'est la peine des travaux forcés à perpétuité qui devra être appliquée par la Cour.

On oublie dans ce système qui est d'ailleurs consacré par la jurisprudence de la Cour de cassation, que l'acquittement ne suppose pas la non-existence du crime. La pensée du jury a été celle-ci. L'accusé Secundus a tué son père ; le fait matériel existe. Mais le fait matériel ne suffit pas pour constituer la culpabilité. Il faut nécessairement y ajouter quelque chose de plus. Ce quelque chose de plus, c'est l'intention coupable. Or, le jury a pensé que le fils Secundus n'avait pas agi avec une intention coupable au moment où il avait frappé mortellement son père Primus. Le jury a été d'avis, au contraire, que Tertius avait agi avec une intention coupable au moment où il avait aidé Secundus à tuer son père. Le fait matériel de la mort du père, frappé par le fils, a été reconnu par le jury ; or, au point de vue de la complicité, il suffit d'examiner si l'auteur principal fournit cet élément matériel.

En veut-on une preuve ? Reprenons notre exemple de tout à l'heure, et supposons que Secundus vienne à mourir avant l'époque de sa comparution devant la Cour d'assises.

Comme toute action criminelle est éteinte par la mort du coupable, Secundus ne pourra pas être condamné. Tertius comparaîtra néanmoins devant le jury.

Le Jury aura, dans ce cas, à répondre à deux questions :

1° A une question sur la matérialité du fait, conçue en ces termes : « Est-il constant que Secundus a, à telle époque, en tel lieu, volontairement donné la mort à Primus son père légitime » ?

2° A une question sur la complicité :

« Tertius accusé, est-il coupable d'avoir aidé ou assisté, avec connaissance, le nommé Secundus, auteur de l'action ci-dessus spécifiée, dans les faits qui l'ont préparée ou facilitée, ou dans ceux qui l'ont consommée ?

Ce qu'il faut remarquer, c'est que pour apprécier la culpabilité du complice, il faut aller chercher en la personne de l'auteur principal les éléments matériels du crime, tandis que l'intention de nuire, sans laquelle le crime ne saurait exister, doit être examinée dans la personne même du complice. Ainsi, le complice ne participe jamais à l'intention de l'auteur principal.

Il pourra donc arriver que l'intention n'existe pas chez l'auteur principal et qu'elle soit reconnue chez le complice ; et réciproquement, qu'elle n'existe pas chez le complice et qu'elle soit reconnue chez l'auteur principal.

Nous avons dit, en commençant que, contrairement à l'avis émis par M. Bertauld et à l'opinion de la Cour de cassation, nous pensions que la peine qui, dans l'espèce, devait être infligée au complice était la peine du parricide et non celle du meurtre simple. Il ne nous sera pas difficile de le prouver.

Nous avons vu que le complice ne participait jamais à l'intention de l'auteur principal. Nous avons démontré, qu'au contraire, le complice participait au fait matériel reproché à l'auteur principal. Or, quel est, dans l'espèce, le fait matériel reproché à Secundus. Est-ce un simple meurtre ? Est-ce un meurtre commis par un fils sur la personne de son père ? Nous savons que c'est un meurtre commis par son fils. Dès lors, le complice doit évidemment être condamné aux peines du parricide.

Nous venons de voir que le complice supportait la peine résultant de la circonstance aggravante mixte, provenant d'une qualité personnelle à l'auteur principal. Nous allons voir, qu'au contraire, il ne supporte pas la circonstance aggravante mixte, lorsqu'elle est fondée sur une qualité à lui personnelle. Ici, notre opinion est conforme à la jurisprudence de la Cour de cassation

(21 mars 1844, 2 octobre 1856). C'est ainsi que nous déciderons que le fils complice du meurtre de son père ne devra être puni que des peines du meurtre simple. Et, en effet, l'article 59 nous dit que la peine du fait de complicité est toujours celle du fait principal. Or, dans l'espèce, le meurtre a été commis par un étranger ; le fils n'est poursuivi que pour avoir aidé à l'accomplissement de ce crime ; il est dès lors puni de la même peine que l'auteur principal. Il en serait autrement, si le fils était poursuivi non comme complice, mais comme co-auteur du meurtre de son père. Il serait alors, lui aussi, un auteur principal ; les deux co-auteurs auraient chacun une situation distincte et indépendante, et leur culpabilité devrait être examinée séparément.

On voit par là, qu'il peut y avoir dans certains cas un intérêt considérable à savoir si l'on doit regarder l'accusé comme un co-auteur ou comme un complice.

Un meurtre a été commis par deux individus. L'un des inculpés est le fils de la victime.

Accusé de parricide, il comparaît devant la Cour d'assises. L'avocat qui est chargé de sa défense aura un intérêt considérable à prouver que son client aurait dû être poursuivi non pour parricide, mais pour complicité de meurtre. Il devra s'attacher à démontrer que son client n'a fait qu'aider l'étranger dans l'accomplissement de son crime, qu'il n'est donc que complice et ne saurait être regardé par qui que ce soit comme auteur principal ou comme co-auteur.

L'avocat pourra ainsi éviter au prévenu qu'il est chargé de défendre la peine capitale.

Nous venons de voir que celui qui se rend complice de parricide encourt les peines du parricide, conformément aux dispositions de l'article 59 et, qu'au contraire, le fils qui dans le meurtre de son père ne joue que le rôle de complice n'encourt que la peine du meurtre ordinaire, parce qu'il n'a pas de culpabilité propre, et qu'il ne fait qu'emprunter la culpabilité de l'auteur principal.

Cet intérêt de savoir si un prévenu doit être poursuivi comme co-auteur ou comme complice se présente dans un certain nombre d'autres cas.

Ainsi le vol, on le sait, est puni en général des peines correctionnelles portées en l'article 401 c'est-à-dire d'un an à cinq ans d'emprisonnement. Mais si ce vol a été commis par deux ou plusieurs personnes dans une maison habitée, il devient alors un crime justiciable de la Cour d'assises, et puni de la réclusion, qui est de cinq à dix ans.

Deux individus se concertent pour commettre un vol.

L'un d'eux pénètre dans la maison et s'empare d'un grand nombre d'objets ;

L'autre n'y pénètre pas et fait le guet.

Ces individus sont mis en état d'arrestation.

Doivent-ils être poursuivis devant le Tribunal correctionnel ou traduits devant la Cour d'assises ?

Devront-ils être punis des peines portées en l'article 401, ou de celles portées en l'article 386.

Ils devront comparaître sans aucun doute devant le

Tribunal correctionnel. En effet, en faisant le guet l'un de ces individus a facilité le délit de vol commis par l'autre, cas de complicité prévu par le paragraphe 3 de l'article 60. C'est donc à tort que la Cour de cassation, dans une espèce semblable à celle que nous examinons, a déclaré qu'il y avait là deux co-auteurs, punis des peines édictées par l'article 386 et justiciables de la Cour d'assises (8 avril 1813, 12 août 1813). Il n'y a là qu'un seul auteur et un complice.

Il en serait autrement, bien entendu, si l'individu chargé de faire le guet, avait, quelques instants après, rejoint son camarade dans la maison et s'était emparé de différents objets. Nous serions bien alors, en effet, dans le cas prévu par l'article 386 de vol commis par plusieurs personnes dans une maison habitée.

CHAPITRE III

DES RECÉLEURS (ARTICLES 61 ET 62).

Nous avons vu que les auteurs intellectuels ne sont pas de véritables complices.

Il existe une autre classe de délinquants qui, comme les auteurs intellectuels, ont été, on ne sait trop pourquoi du reste, rangés par notre Code pénal au nombre des complices ;

Nous voulons parler des recéleurs.

Les recéleurs sont-ils bien des complices ? Nous ne le croyons pas.

« La complicité, dit Ortolan, est l'existence du lien qui unit plusieurs agents dans un même délit ».

Vous me prêtez une échelle pour que j'aille voler chez Primus ; assurément vous vous rendez complice de ce vol et, en vertu de l'article 59, vous serez puni de la même peine que moi, l'auteur principal. Mais, ce crime exécuté, je me rends chez Secundus et je lui confie les objets que j'ai dérobés en lui faisant connaître qu'ils proviennent d'un vol.

Secundus est assimilé par la loi à un complice, poursuivi comme recéleur et, sauf deux ou trois exceptions, que nous verrons plus tard, condamné à la même peine

que l'auteur principal et le complice. Cependant, on peut
se demander, à juste titre, quelle part Secundus a pu
prendre à ce crime ? Il en serait autrement si, avant de
commettre le vol chez Primus, j'étais allé trouver Secundus et lui avais dit : « Si nous réussissons à voler
Primus, je vous apporterai les objets, afin que vous les
cachiez ».

Mais, dans le cas où, au moment du délit, Secundus
ignorait que vous et moi le commettions, je me demande
par quel lien il se trouve uni à nous, et quelle part il a
pu prendre à un délit à ce moment complètement achevé
et qu'il ne soupçonnait même pas.

Autre exemple. Deux individus se concertent pour
commettre un assassinat. L'un d'eux pénètre dans la
maison où il se propose de commettre le crime et ne
revient qu'après avoir mis à exécution son funeste dessein. Pendant ce temps, l'autre reste à la porte et fait
le guet.

Ils ont eu, tous deux, auteur principal et complice, la
même intention mauvaise. Tous deux, ils ont voulu la
mort d'un homme.

Une fois leur crime commis, ces individus prennent la
fuite et vont demander asile à une troisième personne
qui veut bien consentir à les recevoir.

Qu'a voulu cette personne que la loi désigne sous le
nom de *recéleur* ?

Une seule chose : soustraire l'assassin et son complice
à l'action de la justice. Comment le législateur peut-il

dire que cette troisième personne a participé à un assassinat !

La vérité, c'est que le recel suppose deux délits et non un seul et même délit, comme la complicité. C'est donc sans aucun motif sérieux, croyons-nous, que notre Code pénal a assimilé les recéleurs aux complices.

Ortolan, comparant le drame du crime « au drame de la scène » après nous avoir fait assister tour à tour « au premier acte, résolution arrêtée du délit », « au second acte, exécution jusqu'au délit consommé », nous fait remarquer qu'il arrive quelquefois, lorsque le drame est achevé, que la toile se lève une « dernière fois « et que dans un épilogue lié à cette action comme un tableau postérieur, qui nous en présente quelque suite ou quelque souvenir, de nouveaux personnages reparaissent. Le délit aussi après qu'il a été accompli et que l'action en a pris fin, peut avoir son épilogue ».

Le législateur a confondu complètement la complicité et la connexité. Il existe, en effet, deux conditions essentielles pour qu'il y ait complicité : ces conditions sont : l'unité du délit et la pluralité d'agents. La connexité, au contraire, ainsi que le fait remarquer très judicieusement M. Ortolan, suppose nécessairement « pluralité de délit avec unité ou pluralité d'agents ».

Recel des malfaiteurs.

Nous l'avons déjà dit, le recel doit être distingué de

la complicité. C'est un second délit qui suit, qui est, si
vous le voulez, la conséquence indirecte du premier délit, mais ce n'est assurément pas le même délit.

Le recel est prévu par notre Code pénal dans les articles 61 et 62

Notre Droit reconnaît deux espèces de recel : le recel
des malfaiteurs exerçant des brigandages ou des violences contre la sûreté de l'État, la paix publique, les personnes ou les propriétés (etc.) ; et le recel des choses
sciemment enlevées, détournées ou obtenues à l'aide
d'un crime ou d'un délit.

L'article 61 est ainsi conçu :

« Ceux qui, connaissant la conduite criminelle des
malfaiteurs exerçant des brigandages ou des violences
contre la sûreté de l'État, la paix publique, les personnes ou les propriétés, leur fournissent habituellement
logement, lieu de retraite ou de réunion, seront punis
comme leurs complices ».

Cet article a besoin de quelques explications.

Et d'abord nous ferons remarquer, que l'article 61,
relatif aux recéleurs ne vise pas les individus qui ont
fourni logement, lieu de retraite ou de réunion pour aider à l'exécution de tel crime ou de tel délit déterminé.
Ces individus sont, en effet, de véritables complices, et
tombent sous le coup du § 3 de l'article 60 : « Seront
punis comme complices d'une action qualifiée crime ou
délit ceux, dit cet article, qui auront aidé ou assisté
l'auteur ou les auteurs de l'action, dans les faits qui l'au-

ront préparée ou *facilitée* ou dans ceux qui l'auront consommée ».

« Il s'agit ici, dit Ortolan, d'une sorte de responsabilité qui pèse sur le logeur à raison de crimes ou délits qui auraient été commis même à son insu ».

Le législateur use donc d'une extrême rigueur vis-à-vis du recéleur, puisqu'il lui inflige la même peine qu'aux malfaiteurs qu'il a eu le tort de loger chez lui.

Nous ferons remarquer que dans ce cas de recel, si les malfaiteurs sont déclarés par le jury non coupables des crimes dont ils étaient accusés, le recéleur ne peut évidemment plus être condamné comme complice, car ce ne sont plus légalement des malfaiteurs qu'il a reçu chez lui.

On peut se demander ce qu'il faut entendre exactement par ces mots : malfaiteurs exerçant habituellement des brigandages ou des violences? Le logeur sera-t-il puni comme recéleur s'il a accordé logement, par exemple à des voleurs à la tire? Nous ne le croyons pas.

Quels sont donc les brigandages dont veut parler l'article 61 ? La loi est muette sur ce point, et ce sera aux juges et aux jurés à rechercher si les faits qui sont soumis à leurs appréciations constituent bien des brigandages.

Quelques jurisconsultes, au nombre desquels se trouve M. Carnot, ont prétendu que l'article 61 ne pouvait s'appliquer qu'aux *malfaiteurs constitués en bandes* et que

cet article ne saurait être appliqué *aux malfaiteurs accidentellement réunis*.

Nous pensons au contraire que l'article 61 est applicable aussi bien aux malfaiteurs constitués en bande qu'aux malfaiteurs accidentellement réunis pour commettre un crime ou un délit.

Il nous suffit d'invoquer, à l'appui de notre opinion, les travaux préparatoires du Code. « Si les *malfaiteurs épars*, dit M. Riboud dans son rapport au Corps législatif, ne trouvaient pas ces repaires où ils se rassemblent, se cachent, concertent leurs crimes, y déposent les fruits ; la formation de leurs bandes et de leurs associations serait plus difficile et plus promptement découverte ».

Le législateur, on le voit, n'a entendu faire aucune distinction entre le logement fourni à des malfaiteurs épars, et celui accordé à des malfaiteurs faisant partie de bandes constituées. Il considère les uns et les autres comme coupables de recel et les punit comme complices.

L'article 268 du Code pénal punit de la réclusion « ceux qui auront sciemment et volontairement fourni aux bandes ou à leurs divisions logement, retraite ou lieu de réunion. Cet article ne fait-il pas double emploi avec l'article 61 ?

Si l'on examine de près les articles 268 et 61, on voit qu'il n'en est rien. Il y a, en effet, de grandes différences entre ces deux articles :

En premier lieu, pour tomber sous le coup de l'article 268, il suffit d'avoir logé une association de malfaiteurs que ceux-ci aient ou non exécuté leurs criminels projets. Au contraire, les recéleurs ne sont punis, d'après l'article 61, que dans le cas où l'un des crimes prévus par cet article a été commis.

En second lieu, l'article 268 veut que les individus auxquels on fournit logement, lieu de retraite ou de réunion, fassent partie d'une association. L'article 61, c'est du moins notre opinion, s'applique, aussi bien à des individus faisant partie d'une association qu'à des individus pris isolément.

Enfin, en dernier lieu l'article 268 punit les coupables d'une peine fixe, qui est celle de la réclusion. Les recéleurs, d'après l'article 61 sont (à part les exceptions prévues par l'article 63), punis de la même peine que les auteurs principaux dont ils se sont rendus complices en leur fournissant logement, lieu de retraite ou de réunion.

Trois conditions sont exigées pour que l'on puisse assimiler les logeurs à des complices.

Ces conditions, que prévoit notre article 61 sont les suivantes :

1° Les logeurs doivent avoir fourni aux malfaiteurs logement, lieu de retraite ou de réunion ;

2° Ils doivent l'avoir fait habituellement ;

3° Enfin, ils doivent connaître la conduite habituelle des criminels qu'ils reçoivent.

Remarquons en terminant que cette disposition de l'article 61 n'atteint que le logeur et ne saurait être étendue aux membres de sa famille ou à ses domestiques, alors même que ceux-ci auraient eu connaissance de la conduite criminelle des malfaiteurs : « Ce serait en effet, dit M. Carnot, punir la complicité de la complicité ».

Recel des choses.

ARTICLE 62.

« Ceux qui sciemment auront recélé, en tout ou en partie, des choses enlevées, détournées ou obtenues à l'aide d'un crime ou d'un délit, seront aussi punis comme complices de ce crime ou de ce délit ».

Il nous reste à examiner le recel des choses sciemment enlevées, détournées ou obtenues, dit la loi, à l'aide d'un crime ou d'un délit ; autrement dit, le recel des produits de l'infraction.

Le principe posé dans l'article 62 est la consécration du vieil adage coutumier : « point de recéleurs, point de voleurs ».

Ce qui distingue le recel des malfaiteurs du recel des produits de l'infraction, c'est que la condition d'habitude exigée dans le premier cas, ne l'est pas dans le second.

Il suffit que le prévenu ait caché les objets dérobés et qu'il l'ait fait sachant que ces objets avaient une provenance criminelle. Cette connaissance est une circonstance constitutive du recélé. Si, au contraire, le prévenu peut prouver qu'il a ignoré la provenance frauduleuse des objets, la jurisprudence a décidé à plusieurs reprises qu'il était à l'abri de toutes poursuites.

Le Code pénal de 1791 ne punissait que le recel d'objets provenant d'un vol. Il faut remarquer que notre article 62 a un caractère beaucoup plus général. Il distingue, en effet, les choses enlevées, c'est-à-dire les soustractions par fraude ou par violence, détournées, c'est-à-dire l'abus de confiance, et enfin les choses obtenues c'est-à-dire l'escroquerie. L'article 62 prévoit donc le recel d'objets provenant de vol, d'abus de confiance ou d'escroquerie.

Nous avons vu que la connaissance frauduleuse des objets enlevés, détournés ou obtenus à l'aide d'un crime ou d'un délit était nécessaire pour constituer le recel. Il est indispensable, et, ce à peine de nullité, que le jury, qui déclare l'accusé coupable de recel, dise qu'il a agi sciemment. Telle est la jurisprudence de la Cour de de cassation (4 avril 1878, 10 et 23 décembre 1880). Mais, il est un point qui est fort controversé. A quel moment la connaissance de l'origine frauduleuse des objets doit-elle exister chez le recéleur ?

Faut-il dire, avec de savants jurisconsultes au nombre desquels figurent MM. Carnot, Chauveau et Faustin-Hélie, qu'il faut que le recéleur ait cette connaissance au moment où les objets enlevés, détournés ou obtenus à l'aide d'un crime ou d'un délit arrivent entre ses mains et que, si le recéleur n'acquérait cette connaissance qu'à une époque postérieure, il ne devrait pas être regardé comme complice.

Ces auteurs argumentent de l'article 63 qui n'est qu'un corollaire de l'article 62, article ne prononçant certaines peines contre les recéleurs qu'autant qu'ils auraient eu connaissance au temps du recélé des circonstances aggravantes du crime :

« Il ne suffirait donc pas, disent MM. Chauveau et F. Hélie, à notre avis, que l'accusé eût conservé la chose depuis qu'il a appris qu'elle était le résultat d'un vol, pour être passible des peines de recélé ; il faudrait qu'il fût constaté qu'il a connu ce vol au commencement même où il a consenti à en devenir dépositaire » (Tome 1er, page 486).

Malgré l'autorité incontestable de ces éminents jurisconsultes, nous croyons devoir nous ranger à l'opinion contraire, opinion qui d'ailleurs a été consacrée par la Cour de cassation.

Et d'abord, au point de vue moral, nous ne saurions admettre avec M. Carnot « qu'il y ait moins de perversité à garder l'objet volé qu'on a reçu innocemment qu'à le recevoir en connaissant la provenance ».

Et puis quelles sont donc les conditions exigées pour constituer un recel ?

Ces conditions sont au nombre de deux.

Il y a d'abord la possession de l'objet enlevé, détourné ou obtenu à l'aide d'un crime ou d'un délit. Et, faisons-le remarquer en passant, peu importe que le recéleur ait profité ou non de l'objet dérobé. Eût-il même payé le prix de cet objet à l'auteur principal du crime ou du délit, il n'en serait pas moins considéré comme recéleur.

La seconde condition exigée par la loi pour constituer le recélé est la connaissance de la provenance frauduleuse de l'objet.

Du moment que ces deux conditions existent, peu importe l'époque à laquelle le recéleur a eu connaissance de la provenance de l'objet qu'il détient.

C'est d'ailleurs en ce sens, nous l'avons déjà dit, que s'est prononcée la Cour suprême qui a décidé par un arrêt en date du 10 août 1878 : « qu'à la différence du vol, acte instantané qui, d'après la définition même de la loi, implique simultanéité de l'intention frauduleuse et de l'appréhension de la chose d'autrui, le recel pouvant se prolonger pendant une durée indéterminée, il suffit pour qu'il tombe sous l'incrimination de la loi, *que le vice inhérent à l'objet recélé ait été connu du recéleur à un moment quelconque de la période pendant laquelle il en est resté détenteur* ».

Disons en terminant que le recélé n'est point un fait moral indivisible. C'est un fait matériel susceptible de division : « Ceux, dit l'article 62, qui sciemment auront recélé *en tout ou en partie* des choses enlevées, détournées ou obtenues à l'aide d'un crime ou d'un délit etc. »

Le recel peut donc avoir lieu pour partie.

Il suit de là que la maxime, *non bis in idem*, ne devra pas être appliquée en matière de recel et qu'un individu, après une première poursuite suivie d'acquittement, pourra de nouveau être poursuivi comme ayant recélé d'autres objets provenant du même vol et condamné, cette fois, par la Cour d'assises ou le Tribunal correctionnel. C'est d'ailleurs cette opinion qui a été admise par la Cour de cassation le 29 décembre 1814.

Peines à appliquer aux prévenus reconnus coupables de recel. — Exception en matière de recel au principe de l'assimiliation.

Le recel est assimilé à la complicité. Le recéleur est donc, comme le complice, puni des mêmes peines que l'auteur principal.

Nous avons déjà critiqué cette assimilation absolue du recéleur à l'auteur principal.

Nous avons indiqué la différence considérable qu'il y avait entre l'homme qui, poussé par un motif de cupidité, conservait le produit d'un vol et le malfaiteur dangereux qui ne craignait pas de pénétrer la nuit avec des armes dans les maisons habitées, résolu à tout pour arriver à l'accomplissement de ses funestes desseins. Mais quand il s'agit d'appliquer la peine capitale, dont la légitimité même est contestée, à notre époque par d'excellents esprits, ou de prononcer une peine perpétuelle telle que celle des travaux forcés à perpétuité ou de la déportation, on est effrayé des conséquences auxquelles peut conduire une telle exagération d'assimilation.

Nous avons déjà cité les lignes éloquentes que cette assimilation a inspirées à Rossi, il nous faut maintenant citer les paroles de M. Faure qui, après avoir cherché à excuser l'excessive rigueur du législateur, a admirablement exposé les motifs qui l'ont déterminé à admettre sous certaines conditions une exception à cette règle rigoureuse, lorsqu'il s'agit de peines perpétuelles.

« Quand le vol, dit M. Faure, ne donne lieu qu'à des peines temporaires, il faut quelque rigoureuses qu'elles soient, que le recéleur subisse la même peine : il s'est soumis à ces risques dès qu'il a bien voulu recevoir une chose qu'il savait provenir d'un vol ; mais quand le crime est accompagné de circonstances si graves, qu'elles entraînent une peine perpétuelle, on peut croire que si au temps du recel ces circonstances eussent été connues du recéleur, il eût mieux aimé ne pas recevoir les objets volés que de s'en charger avec un si grand risque. Il convient donc en pareil cas, pour condamner le recéleur à la même peine que l'auteur du crime, qu'il y ait certitude qu'en recevant la chose, il connaissait toute la gravité du crime dont elle était le fruit ».

Nous allons maintenant donner le texte de l'article 63. Puis nous examinerons les deux exceptions prévues par cet article.

ARTICLE 63.

« Néanmoins la peine de mort, lorsqu'elle sera applicable aux auteurs des crimes, sera remplacée, à l'égard des recéleurs, par celle des travaux forcés à perpétuité.

« Dans tous les cas, les peines des travaux forcés à perpétuité ou de la déportation, lorsqu'il y aura lieu, ne pourront être prononcées contre les recéleurs qu'autant qu'ils seront convaincus d'avoir eu, au temps du recélé, connaissance des circonstances auxquelles la loi attache les peines de mort, des travaux forcés à perpétuité et de la déportation ; sinon ils ne subiront que la peine des travaux forcés à temps ».

1re EXCEPTION. — L'article 63 commence par poser en principe qu'en aucun cas le recéleur ne sera puni de la peine de mort. Cette peine sera remplacée pour lui par celle des travaux forcés à perpétuité.

Cette exception n'existe que depuis la loi de 1832. Avant cette loi, sous l'empire du Code de 1810, le complice était puni de mort, lorsqu'il avait eu, au temps du recel, connaissance des circonstances auxquelles la loi attachait la peine de mort. Cette loi était si rigoureuse que les Cours d'assises se refusèrent longtemps à l'admettre et que l'on dut avoir recours pour la faire appliquer à un avis du Conseil d'État, en date du 18 décembre 1813, ainsi conçu :

« Le Conseil d'État vu...., etc...., est d'avis que, lorsqu'un vol a été commis à l'aide ou par suite d'un meurtre, les personnes qui ont recélé les objets volés, ayant connaissance que le vol a été précédé du crime de meurtre, doivent, aux termes de l'article 63 du Code pénal, être considérées comme complices de ce dernier crime ».

2° EXCEPTION. — Cette deuxième exception était déjà prévue par la loi de 1810.

Nous ferons remarquer que la loi de 1832 ayant soigneusement distingué les peines ordinaires des peines politiques, il faudrait logiquement remplacer la peine de la déportation par celle de la détention. Mais, en présence du texte formel de la loi aucune hésitation n'est permise, et la peine de la déportation devra être remplacée par celle des travaux forcés à temps.

QUESTIONS SPÉCIALES.

Impunité des révélateurs.

Nous avons vu que l'article 59 punissait le complice de la même peine que l'auteur principal.

Il y a toutefois des exceptions à cette règle.

C'est ainsi que, dans certains cas, l'impunité est acquise aux révélateurs : « Quelquefois, a dit Rossi, l'impunité ou une commutation de peine est promise à un des complices.... dans le but d'obtenir des révélations, mesure que la nécessité peut excuser, mais qui a l'inconvénient de donner la trahison pour auxiliaire à la justice ».

Cette exception au principe d'assimilation posée dans l'article 59 se justifie par l'intérêt supérieur de la Société.

C'est grâce à cette impunité acquise aux révélateurs par les articles 108, 138 et 144, que bien souvent la justice parvient à connaître des complots attentatoires à la sûreté de l'État et des crimes de fausse monnaie dont elle aurait, sans cette intervention, cherché en vain les auteurs.

Remarquons toutefois que les révélateurs des complots attentatoires à la sûreté de l'État et les dénonciateurs des crimes de fausse monnaie n'échapperont à toute condamnation que dans le cas où les crimes qu'ils dénoncent n'auraient pas encore été commis.

Même dans le cas où ces crimes auraient été commis, ils jouiront de l'immunité, si, après avoir avoué leurs fautes, ils procurent l'arrestation des auteurs principaux et des complices de ces crimes.

Les complices des soustractions frauduleuses entre époux, veufs, ascendants, descendants ou alliés au même degré sont-ils punissables ?

On sait que l'article 380 du Code pénal décide que :
« Les soustractions commises par des maris au préjudice de leurs femmes, par des femmes au préjudice de leurs maris, par un veuf ou une veuve quant aux choses qui avaient appartenu à l'époux décédé, par des en-

fants ou autres descendants au préjudice de leurs pères ou mères ou autres ascendants, par des pères ou mères ou autres ascendants au préjudice de leurs enfants ou autres descendants, ou par des alliés aux mêmes degrés, ne pourront donner lieu qu'à des réparations civiles. A l'égard (ajoute l'article 380) de tous autres individus qui auraient recélé ou appliqué à leur profit tout ou partie des objets volés, ils seront punis comme coupables de vol ».

Plaçant, à côté du texte même de la loi, l'exposé des motifs, nous aurons le véritable sens de l'article 380 :

« Les rapports entre ces personnes sont trop intimes pour qu'il convienne, à l'occasion d'intérêts pécuniaires, de charger le ministère public de scruter les secrets de famille qui, peut-être, ne devraient jamais être dévoilés, pour qu'il ne soit pas extrêmement dangereux qu'une accusation puisse être poursuivie dans les affaires où la ligne qui sépare le manque de délicatesse du véritable délit est souvent très difficile à saisir ; enfin, pour que le ministère public puisse provoquer des peines dont l'effet ne se bornerait pas à répandre la consternation parmi tous les membres de la famille, mais qui pourrait être encore une source éternelle de division et de haine ».

Cet exposé montre bien que c'est à tort que quelques auteurs ont cru trouver le fondement de l'article 380 dans une sorte de co-propriété de famille, ce qui aurait dû faire considérer les soustractions commises dans les conditions prévues par cet article comme n'étant pas de véritables vols.

Le législateur, en réalité, a bien considéré comme des vols les soustractions frauduleuses mentionnées dans l'article 380, mais il a pensé qu'il valait mieux laisser ces vols impunis que de risquer de déshonorer les familles et de troubler leur repos, en scrutant des secrets qui, peut-être, n'auraient jamais dû être dévoilés.

Donc l'auteur principal a commis un vol, mais, en considération des liens de parenté qui existent entre le voleur et la victime, la loi, aussi bien dans l'intérêt du voleur que dans celui du volé, n'édicte aucune peine.

Mais le complice du vol qui, lui, n'a aucun lien de parenté avec le volé, jouira-t-il de l'immunité accordée à l'auteur principal ? Au premier abord, il semble que l'on devrait répondre négativement et décider qu'il devra être puni. En effet, il existe un fait principal, il existe un vol. Pourquoi n'y aurait-il pas de complicité ? Car enfin, si l'auteur principal demeure impuni, c'est en raison de considérations qui lui sont absolument personnelles. Et puis, si le législateur avait voulu étendre au complice l'immunité qu'il accorde à l'auteur principal, nul doute qu'il n'en eût fait mention.

Or, il n'existe nulle part un texte étendant au complice l'immunité de l'auteur principal.

Mais, si nous examinons attentivement l'article 380, nous voyons que non seulement le législateur a désigné les personnes qui seraient à l'abri de l'action publique et passibles seulement de réparations civiles, mais qu'il a encore indiqué celles auxquelles il entendait refuser cette immunité. Il dit en effet à la fin de l'article 380 : « A l'égard de tous autres individus qui auront recélé ou appliqué à leur profit tout ou partie des objets volés, ils seront punis comme coupables de vol ».

Ainsi, l'article 380 dit que les recéleurs doivent être punis comme coupables de vol. En est-il de même des complices ? En aucune façon ; il n'est question d'eux dans aucun des deux alinéas de l'article 380. Or, on le sait, en matière pénale, l'interprétation est essentiellement restrictive. L'article 380 ne refuse pas expressément aux complices le bénéfice qu'il reconnaît aux auteurs principaux ; c'est donc que ce bénéfice leur est également accordé.

Il y a d'ailleurs une autre raison qui s'oppose à la poursuite des complices. Cette raison, nous la trouvons dans l'Exposé des motifs que nous avons reproduit tout à l'heure. Ces secrets qu'il est de l'intérêt et de l'honneur des familles de ne pas voir divulgués, ne seraient-ils pas en effet, connus de tout le monde si, à défaut de poursuites dirigées contre les auteurs principaux, on pouvait exercer des poursuites contre les complices. Disons en terminant que la jurisprudence décide que dans le cas qui nous occupe les complices ne peuvent être l'objet d'aucunes poursuites (Cassation, 2 janvier 1869. Toulouse, 27 avril 1877).

Nous avons vu que l'article 380 décidait que ceux qui

auraient recélé ou appliqué à leur profit tout ou partie des objets volés « seraient punis comme coupables de vol ».

Ces derniers mots de l'article 380 ont donné lieu à une autre controverse.

Certains auteurs ont prétendu que les termes mêmes de l'article 380 (ils seront punis comme coupables de vol) excluaient toute idée de complicité, et qu'en réalité on devait voir dans ce cas particulier un délit spécial de vol puni des peines portées en l'article 401, tandis que si l'on avait considéré les recéleurs comme complices, ils auraient été punis des mêmes peines que celles qui auraient dû être prononcées contre l'auteur principal, si celui-ci n'était pas demeuré impuni.

Ainsi, les auteurs principaux désignés en l'article 380 avaient-ils commis le vol avec les circonstances aggravantes d'escalade et d'effraction, les partisans de cette doctrine, au nombre desquels nous trouvons M. Carnot, soutiennent que les complices n'auront pas à supporter l'aggravation de pénalité qui en est la conséquence, c'est-à-dire qu'au lieu d'être punis de la peine des travaux forcés à temps édictée par l'article 384 du Code pénal, on devra leur appliquer seulement les dispositions de l'article 401, c'est-à-dire un emprisonnement de un à cinq ans.

Nous répondons :

Qu'en premier lieu, rien n'autorise à déclarer comme le font ces auteurs, que le recéleur s'est rendu coupable d'un vol autre que celui qui a été commis et qu'on ne peut décider arbitrairement, comme ils le font, qu'il n'aura pas à supporter les circonstances aggravantes qui ont fait dégénérer le délit en crime.

En second lieu, on peut ajouter que si le Code avait eu en vue un délit spécial et non un acte de complicité dans les faits reprochés à ces recéleurs, il n'aurait pas manqué de décider que les soustractions de l'article 380 ne pouvaient être regardées comme des vols.

Or, il a décidé le contraire : « recélé ou appliqué à leur profit tout ou partie des objets *volés* » : le dernier mot de ce membre de phrase ne peut laisser aucun doute dans notre esprit. Il y a bien eu vol dans le cas de l'article 380, quoique ce vol pour des raisons particulières demeure impuni. Or, s'il y a eu vol, le recel des objets volés ne saurait constituer un second vol distinct du premier. Nous nous trouvons donc bien, par conséquent, en présence non d'un délit spécial, mais d'un véritable acte de complicité.

Enfin en troisième lieu, les travaux préparatoires viennent complètement à l'appui de notre système, ainsi qu'on peut le voir par les termes mêmes de l'Exposé des motifs : « Ces considérations puissantes ont nécessité la disposition spéciale dont nous venons de rendre compte ; mais comme une telle exception doit être renfermée dans le cercle auquel elle appartient, il en résulte que toute autre personne qui aurait recélé ou appliqué à son profit des objets provenant d'un vol, dont le

8

principal auteur serait compris dans l'exception, subi-
rait la même peine que si elle-même eût commis le
vol ».

Il nous reste deux observations à faire relativement à
l'article 380.

1° Le Droit romain admettait les mêmes principes que
le Droit français, et il les appuyait sur les mêmes raisons : « *Furti actio non nascitur, quia nec ex alia causa
potest intereos actio nasci* (Institutes, *De oblig. quae ex de-
licto nasc.*, § 12).

2° Quelle sera la situation des étrangers ayant pris
part à un vol en qualité de co-auteurs en même temps
que l'une des personnes désignées en l'article 380. Doivent-ils, eux aussi, *demeurer impunis*?

Pour répondre à cette question, nous n'avons qu'à
nous rappeler que l'article 380 est un article d'exception
et que, par conséquent, il ne saurait être étendu. On
rentrera donc dans la règle générale, et ces co-auteurs
devront être punis. Nous ajouterons que la Cour de cassation a décidé le 25 mars 1845 que l'on ne devait pas
étendre aux co-auteurs étrangers l'exception établie par
la loi en faveur du conjoint et des parents.

Quant aux complices, autres que les recéleurs, d'un
crime ou d'un délit commis par l'une des personnes
mentionnées en l'article 380 et des co-auteurs étrangers,
ils seront regardés comme complices des auteurs principaux étrangers et ne jouiront pas de l'immunité accordée à l'auteur principal, parent du volé.

Remarquons enfin que si le vol a été commis par des étrangers ayant pour complices des personnes désignées en l'article 380, ces complices seront punis sans pouvoir invoquer l'article 380. Ils n'ont en effet aucune culpabilité propre. Ils empruntent la culpabilité des auteurs principaux : ces auteurs principaux n'étant pas au nombre des personnes désignées en l'article 380, les complices ne peuvent pas jouir de l'immunité. Ils seront punis des peines du vol et supporteront l'aggravation de peine due aux circonstances aggravantes, s'il y en a. On rentre ici dans la règle générale qui est que le complice, en prêtant son concours, « se soumet à toutes les chances des événements et consent à toutes les suites du crime ».

Rapt.

Dans le cas où le ravisseur a épousé la fille qu'il a enlevée, il est à l'abri de toutes poursuites, dit l'article 357 du Code pénal. Cette immunité accordée à l'auteur principal doit-elle être étendue au complice ?

Il faut voir quel a été le but du législateur.

Sa pensée a été celle-ci : Le mariage a réparé le délit et il importe maintenant d'éviter un scandale inutile.

Si l'on poursuit le complice, il est évident que l'on n'évitera pas le scandale. Il est donc indispensable d'étendre à celui-ci l'immunité accordée à l'auteur principal. Ce système est d'ailleurs celui adopté par la Cour de cassation.

Délit d'adultère. — Dérogation à la règle de l'article 59.

ARTICLE 336.

« L'adultère de la femme ne pourra être dénoncé que par le mari ; cette faculté même cessera, s'il est dans le cas prévu par l'article 339 ».

ARTICLE 337.

« La femme convaincue d'adultère subira la peine de l'emprisonnement pendant trois mois au moins et deux ans au plus. Le mari restera le maître d'arrêter l'effet de cette condamnation en consentant à reprendre sa femme ».

ARTICLE 338.

« Le complice de la femme adultère sera puni de l'emprisonnement pendant le même espace de temps, et, en outre, d'une amende de cent francs à deux mille francs.

« Les seules preuves qui pourront être admises contre le prévenu de complicité seront, outre le flagrant délit, celles résultant de lettres ou autres pièces écrites par le prévenu ».

Les articles 336, 337 et 338 du Code pénal relatifs à l'adultère contiennent un certain nombre d'exceptions au droit commun.

En premier lieu, nous voyons tout d'abord que l'arti-

cle 338 déroge au principe de l'assimilation du complice
à l'auteur principal, principe posé dans l'article 59 du
même Code. La femme, en effet, d'après l'article 337
est passible d'un emprisonnement de trois mois au moins
et de deux ans au plus. Le complice de la femme peut
être condamné à un emprisonnement de même durée et,
en outre, à une amende de 100 à 2.000 francs. Cette
disposition en rappelle une autre que nous trouvons dans
les Établissements de St-Louis et qui prononce une condamnation plus sévère contre les complices que contre
les auteurs principaux.

Il s'agit des : « Fames qui sont avec murtriers et avec
larrons et les consentent, si sont à ardoir ». Les larrons,
en effet, étaient condamnés à la pendaison et les femmes
complices devaient être brûlées.

En second lieu, nous ferons remarquer la disposition
de l'article 336 qui laisse au mari la faculté de dénoncer
ou non l'adultère de sa femme. Si le mari ne dénonce
pas sa femme, le complice ne pourra pas être poursuivi.
On suppose avec raison que si le mari a gardé le silence,
c'est qu'il a voulu éviter un scandale qui ne serait certainement pas évité si des poursuites étaient dirigées
contre le complice.

Nous pensons toutefois avec la Cour de cassation et
contrairement à l'avis de M. Carnot, que si le mari dé-
nonçait sa femme sans dénoncer le complice de celle-ci,
le Ministère public aurait le droit de poursuivre d'office
le complice.

En troisième lieu, nous avons vu que le complice ne
pouvait pas être poursuivi si la femme n'était l'objet
d'aucune poursuite, en un mot, que le sort du complice
était intimement lié à celui de la femme. Il nous faut
maintenant examiner quelles seront, pour le complice,
les conséquences du pardon et du désistement du mari
et de la réconciliation des époux :

1° Le mari peut user du droit de grâce, en vertu de
l'article 337 ; en consentant à reprendre sa femme, il
arrêtera l'effet de la condamnation prononcée contre
elle ; mais il faut remarquer que c'est là une faveur ex-
ceptionnelle accordée à la femme, faveur qui ne saurait
être étendue au complice. Toutefois, si le mari pardon-
nait après la condamnation, le pardon serait utile non
seulement à la femme, mais même au complice, dans le
cas où la femme et le complice interjetteraient tous les
deux appel, car, ainsi que l'a décidé la Cour d'appel de
Paris en juin 1830, l'appel a pour effet de remettre tout
en question.

2° Si avant toute condamnation, le mari se désiste
comme la Cour de cassation lui en a reconnu le droit,
le 7 août 1823 (ce qui semble parfaitement logique puisque nous avons vu qu'il pouvait même arrêter l'effet
d'une condamnation déjà prononcée), le désistement
profitera non seulement à la femme, mais encore au
complice. Cela se comprend parfaitement, car si des
poursuites pouvaient être exercées contre le complice
et si celui-ci venait à être condamné, sa condamnation

serait la condamnation morale de la femme. D'ailleurs le désistement ne prouve-t-il pas l'innocence de la femme, et pourrait-on soutenir qu'il y a un complice là où il n'y a pas d'auteur principal considéré légalement comme coupable. C'est du reste ce principe qu'adopte la Cour de cassation (28 juin 1839).

3° La réconciliation des époux, qui n'est, somme toute, autre chose qu'un désistement du mari, basé sur des considérations spéciales profite également au complice, ainsi que l'a décidé la Cour de cassation.

En quatrième lieu, il y a encore une autre dérogation au droit commun. D'ordinaire, le décès de l'auteur principal n'est pas un obstacle à des poursuites dirigées contre le complice. En matière d'adultère, au contraire, le décès de la femme, en raison de l'indivisibilité du sort du complice et de la femme a pour conséquence l'impunité du complice, à moins que ce décès n'arrive après un jugement passé en force de chose jugée, car alors l'indivisibilité prend fin.

Nous ferons remarquer enfin qu'en matière de complicité d'adultère, deux sortes de preuves seulement sont admises : le flagrant délit et les lettres écrites par le prévenu.

On comprend que l'on ait ainsi limité la preuve de la complicité d'adultère, car, ainsi que l'a très bien fait remarquer l'orateur du Corps législatif : « Il importait de fixer la nature des preuves qui pourraient être admises, pour établir une complicité que la malignité se plaît trop souvent à trouver dans des indices frivoles ».

Nous avons vu que la Loi se montrait très sévère vis-à-vis du complice de la femme adultère. Cette sévérité se comprend parfaitement, si l'on songe que ce complice n'a de complice que le nom. En réalité, l'homme qui détourne une épouse de ses devoirs vis-à-vis de son mari est un co-auteur. Il prend une part directe au délit, et il est peut-être plus coupable encore que la femme elle-même, car presque toujours ce n'est qu'à la suite de ses provocations, de ses sollicitations pressantes que celle-ci se laisse aller à oublier la foi conjugale. Les véritables complices, en matière d'adultère, ce sont les tiers qui, en connaissance de cause, ont aidé à la perpétration du délit, par exemple en facilitant les entrevues de l'épouse infidèle et de son séducteur.

La peine qui atteindra ces tiers complices sera celle de l'article 337 et non celle de l'article 338, c'est-à-dire qu'ils pourront, comme le complice de la femme qui, nous l'avons vu, n'est autre chose qu'un co-auteur, être condamnés à la peine de l'emprisonnement et de l'amende. Si l'amende ne peut être appliquée à la femme, c'est évidemment par suite d'une faveur toute spéciale de la loi qui lui inflige une peine moindre, de même que dans le cas de l'article 380, elle supprime entièrement la peine pour les personnes désignées dans cet article.

Adultère du mari.

L'article 339, relatif à l'adultère commis par le mari est ainsi conçu :

« Le mari qui aura entretenu une concubine dans la maison conjugale, et qui aura été convaincu sur la plainte de la femme, sera puni d'une amende de cent francs à deux mille francs ».

On voit par cet article que pour que l'adultère du mari soit répréhensible, il est indispensable que celui-ci ait entretenu une concubine au domicile conjugal et ait été l'objet d'une plainte de la part de la femme qui, une fois la plainte déposée, ne jouit pas comme le mari du droit de faire grâce.

Dans le cas où l'adultère a été commis par le mari en dehors de la maison conjugale, il ne peut être question de complicité punissable. Le fait principal demeurant impuni, le fait accessoire l'est également : « *Accessarium sequitur principale* ».

Faut-il dire avec M. Carnot et un certain nombre d'auteurs qui ont pour eux un arrêt de la Cour de Paris du 6 avril 1842, que la concubine entretenue par le mari au domicile conjugal ne saurait être poursuivie comme complice ? La loi, il est vrai, n'a pas expressément déclaré que la concubine était la complice du mari, mais nous pensons, avec la jurisprudence, que puisque le texte de l'article 339 n'apporte aucune exception à l'article 59, l'article 59 doit recevoir ici son application. La concubine devra donc être regardée comme complice du mari et punie comme telle ; les tiers qui, par l'un des moyens énoncés en l'article 60, auront aidé le mari dans la perpétration du délit d'adultère, subiront la même peine que celle infligée au mari coupable.

Le suicide.

Le suicide n'est ni un crime, ni un délit.

C'est avec raison, selon nous, que le législateur n'a pas compris le suicide parmi les infractions punissables. S'il est vrai de dire, au point de vue religieux, que la vie de l'homme appartient à son créateur et qu'il ne lui est pas permis d'attenter à ses jours, il n'est pas moins vrai de regarder l'homme au point de vue légal comme absolument libre de disposer de son existence.

Tant que l'homme fait partie de la Société, il doit avoir vis-à-vis d'elle des devoirs à remplir et la Société doit, par contre, lui garantir certains droits. Mais l'homme est toujours libre de mettre fin à ce contrat tacite qui s'est, en quelque sorte, établi entre lui et la Société. Il demeure toujours libre de mettre fin à ses jours. Le suicide n'est donc pas, et avec raison, puni par nos lois.

Mais si le suicide doit demeurer impuni, en sera-t-il de même de l'individu qui s'est rendu complice d'un suicide ?

Il demeurera, selon nous, également impuni.

Que dit, en effet, l'article 59 ?

L'article 59, nous l'avons vu, veut que les complices d'un crime ou d'un délit soient punis de la même peine de droit que s'ils étaient eux-mêmes les auteurs principaux de ces crimes ou de ces délits.

Mais en matière de suicide, l'auteur principal demeure impuni. La logique exige donc impérieusement qu'il en soit de même du complice de cet auteur principal, si blâmable que puisse être, dans certains cas, l'intervention de cet homme, qui, au lieu d'éloigner de l'esprit de son ami la pensée du suicide, lui fournit les moyens de mettre à exécution son regrettable dessein. Il ne peut y avoir aucun doute sur ce point ; le complice de l'auteur principal du suicide ne saurait être poursuivi. La Cour de cassation a consacré cette doctrine (27 août 1815).

En sera-t-il de même du co-auteur d'un suicide ? Au lieu de fournir seulement l'arme qui a servi au suicide, un individu, sur les instances d'un de ses amis, le frappe lui-même mortellement.

Ici la question est fort controversée, et d'excellents criminalistes parmi lesquels se trouvent MM. Chauveau et Faustin-Hélie ont soutenu qu'il ne fallait voir dans ce co-auteur autre chose qu'un instrument passif et que l'on ne devait le poursuivre ni pour assassinat, ni pour blessures volontaires, suivant que le suicide avait eu ou non pour résultat la mort de l'auteur principal. Le fait matériel, disent les partisans de cette doctrine, la mort du suicidé, tué par le co-auteur ne suffit pas pour qu'il y ait homicide, l'intention criminelle, c'est-à-dire la volonté de nuire, en donnant la mort, n'existant pas chez ce co-auteur.

Nous ne partageons pas cette manière de voir, quoique nous reconnaissions qu'il ne saurait y avoir ni crime, ni délit sans intention criminelle. Mais pour nous, cette intention criminelle, c'est-à-dire la volonté de faire des blessures ou de donner la mort existe bien chez ce co-auteur, et nous croyons devoir répondre avec la Cour de cassation que : « L'action par laquelle une personne donne volontairement la mort à autrui constitue un homicide ou un meurtre, et non un suicide ou un acte de complicité de suicide (Cassation, 16 novembre 1827, 17 juillet et 21 août 1851) ».

Ainsi, le co-auteur d'un suicide doit être puni et considéré comme coupable de meurtre volontaire. Cette décision qui nous est, croyons-nous, commandée par la loi est bien sévère.

Il est certain qu'il y a un abîme entre le véritable assassin et l'homme qui, à la prière d'un ami, se laisse aller à lui donner la mort.

Le législateur français aurait dû, à l'exemple de plusieurs législations étrangères, considérer et punir cet acte comme un crime spécial distinct de l'homicide volontaire. C'est ainsi que le Code pénal allemand punit ce crime spécial d'un « emprisonnement de trois mois

au moins » et que le Code du Brésil édicte une peine de
« 2 à 6 ans d'emprisonnement contre toute personne qui
a aidé quelqu'un à se suicider ou lui en a fourni les
moyens avec connaissance de cause ».

Le duel.

Personne n'a le droit de se faire justice soi-même. Si
l'on part de ce principe, il est évident que le duel doit
être puni par les lois.

Notre Code pénal a-t-il ou n'a-t-il pas considéré le
duel, sans aucun doute toujours blâmable au point de
vue moral, comme un acte répréhensible au point de vue
légal ?

Le duel, disons-le tout de suite, n'est nommément désigné par aucun texte de loi. Néanmoins, pour nous,
quelles que soient les raisons que l'on a fait valoir à l'appui de la thèse contraire, raisons que nous allons expo-
ser, nous sommes absolument convaincus, d'accord en
cela avec la jurisprudence, que le duel tombe bien sous
le coup de la loi et que l'on doit, selon les circonstances,
appliquer aux duellistes les dispositions des articles 296,
304 et 310.

Ce n'est pas que nous ne regrettions de voir le Code
se montrer d'une égale sévérité envers les hommes qui
obéissent à un faux sentiment d'honneur, que vis-à-vis
de vulgaires malfaiteurs prêts à tout pour arriver à l'exécution de leurs funestes projets.

Ce n'est pas que nous songions un seul instant à mettre sur la même ligne l'homme qui se bat en duel, et celui qui, même obéissant à un juste ressentiment, attend son ennemi au coin d'un bois et ne craint pas de l'assassiner lâchement.

Sans doute, il eût mieux valu que la loi proportionnât la peine à la culpabilité ; malheureusement il n'en est rien.

Le remède dans la pratique sera, de la part du Jury, dans l'admission des circonstances atténuantes, et, de la part de la Cour, dans l'application du minimum de la peine et, même, dans certains cas, de la loi Bérenger.

Examinons maintenant de quelle façon raisonnent les auteurs qui n'admettent pas que le duel tombe sous le coup de la loi pénale.

L'article 328 du Code pénal, disent-ils, décide : qu'il n'y a ni crime, ni délit lorsque l'homicide, les blessures et les coups étaient commandés par la nécessité actuelle de la légitime défense de soi-même ou d'autrui. L'article 328, font observer ces auteurs, ne fait aucune distinction entre le cas où l'on a été obligé de se défendre par suite d'une attaque que l'on ne pouvait pas prévoir, et le cas où l'on s'est soi-même exposé au danger.

C'est là une subtilité. Nous ne partageons pas cette manière de voir et nous pensons, au contraire, que les duellistes doivent être poursuivis suivant les cas pour assassinat, tentative d'assassinat, coups et blessures avec préméditation. Cette opinion est celle de la jurisprudence depuis 1837, époque à laquelle M. le Procureur général Dupin prononça à ce sujet un magnifique réquisitoire.

Dès lors, il n'est pas douteux que ceux qui ont aidé ou facilité le crime ou le délit reproché aux duellistes, tels que le maître d'armes qui a fourni les épées, et les témoins du duel devront être considérés comme complices de ce crime ou de ce délit.

La Cour de cassation admet toutefois une exception en faveur des témoins, exception qui ne nous paraît justifiée que par des considérations d'humanité (Cassation, 22 août 1848).

Les témoins sont à l'abri de toutes poursuites, lorsqu'il est prouvé qu'ils n'ont accompagné les adversaires sur le terrain qu'après avoir en vain tenté tous les moyens de conciliation.

Délits de chasse.

L'article 59 ne s'est occupé que des crimes et des délits. On peut donc se demander quelle peine encourront les complices de ces contraventions-délits qui sont de la compétence des tribunaux correctionnels.

La Cour de cassation décide que les complices de délits de chasse sont punissables, et que l'on doit leur faire application des dispositions du Code pénal relatives à la complicité.

Un individu aide un chasseur à placer sur son épaule une grosse pièce de gibier, il est complice (Cassation, 10 novembre 1864).

Un autre a acheté sciemment du gibier provenant d'un délit, on doit le regarder comme recéleur (Cour d'Amiens, 13 janvier 1853). Il en est de même de celui qui est trouvé détenteur de gibier pris à l'aide d'engins prohibés et dont il connaissait la provenance (Paris, 8 février 1862 ; Blois, 10 novembre 1876).

Le traqueur, lui aussi, peut être considéré comme complice, s'il a facilité un délit (Rouen, 26 avril 1849).

Complicité en fait de contravention de simple police.

Il y a encore ici une exception à l'article 59 du Code pénal qui dit que le complice est puni de la même peine que l'auteur principal. Lorsqu'il s'agit d'une contravention du simple police, l'auteur principal seul peut être poursuivi. Le complice ne peut pas être puni. Il y a cependant quelques exceptions à cette règle. L'article 480 du Code pénal punit même d'un emprisonnement de cinq jours les auteurs ou complices de bruits ou tapages injurieux ou nocturnes.

La complicité de la tentative est punissable, mais la tentative de complicité n'est pas punissable.

La complicité de la tentative est-elle punissable ? Telle est la question qu'il nous faut maintenant examiner. Si nous nous en rapportions uniquement au principe de l'assimilation du complice à l'auteur principal, principe posé dans l'article 59, nous serions amené à penser que le complice d'un crime ou d'un délit tenté, mais non exécuté, ne saurait être puni. Mais, en combinant les articles 2, 3 et 60 du Code pénal, nous sommes amené au contraire, à décider qu'en cas de tentative légale, c'est-à-dire, en cas de tentative manifestée par un commencement d'exécution et qui n'a été suspendue ou n'a manqué son effet que par des circonstances indépendantes de la volonté de son auteur, les complices devront être punis de la même peine que les auteurs principaux. Remarquons qu'il suffira que le complice ait participé aux actes préparatoires du délit tenté. Le commencement d'exécution du crime ou du délit n'est pas exigé pour le complice comme il l'est pour l'auteur principal.

Une autre question peut se poser. La tentative de complicité est-elle punissable?

Nous n'hésitons pas à répondre négativement.

En premier lieu, c'est en vain que l'on chercherait dans les articles : 60, relatif à ceux qui se sont rendus complices d'un crime ; 61, relatif à ceux qui ont donné asile à des criminels ; 62, relatif à ceux qui ont recélé des objets enlevés, détournés ou obtenus à l'aide d'un crime ou d'un délit, c'est en vain que l'on chercherait dans ces articles des dispositions atteignant ceux qui ont tenté de s'associer à un crime ou à un délit, qui ont essayé de donner asile à des malfaiteurs ou de cacher des objets volés.

En second lieu, punir la tentative de la complicité ce serait punir nos pensées, c'est-à-dire nos actes intérieurs qui ne se manifestent pas au dehors et qui ne relèvent que de notre conscience. Nous sommes ici dans le domaine des lois morales et religieuses, et la loi positive n'a pas à intervenir pour réprimer nos pensées tant qu'elles ne se manifestent pas par des actes extérieurs.

Conséquences de la complicité au point de vue de la procédure.

La complicité amène obligatoirement une indivisibilité de procédure. Comme il n'existe qu'un seul délit auquel ont pris part plusieurs personnes, il ne doit y avoir évidemment qu'un seul et même procès et, comme l'a très bien dit Merlin, ce qui détermine l'indivisibilité de la procédure en matière de complicité, c'est quelque chose de plus fort qu'un principe, c'est la nécessité des choses, nécessité indépendante des institutions humaines.

En vertu de cette indivisibilité de procédure, un délit est-il commis à la fois par des individus justiciables, les uns des tribunaux militaires, les autres des tribunaux civils, tous ces individus seront traduits devant les tribunaux ordinaires.

Un magistrat justiciable de la première chambre de la Cour d'appel et non du Tribunal correctionnel, vient-il à commettre un délit, ses complices seront traduits avec lui devant la Cour d'appel et non devant le Tribunal correctionnel.

La complicité aura encore pour effet de faire comparaître devant la Cour d'assises un accusé qui, sans cela, aurait été traduit seulement devant le Tribunal correctionnel ; nous voulons parler du mineur de seize ans.

Le mineur de seize ans, lorsqu'il est accusé de crimes autres que ceux que la loi punit de la peine de mort, des travaux forcés à perpétuité ou de la déportation, est jugé par le Tribunal correctionnel à moins, dit l'article 68 du Code pénal, qu'il n'ait des complices présents au-dessus de cet âge. Dans ce dernier cas, il devra suivre le sort de ses complices et être renvoyé avec eux devant la Cour d'assises.

Le législateur n'a pas voulu priver les complices du mineur de seize ans de la garantie du jury. Ceux-ci ne jouissent pas en effet de la réduction de peine qui lui est accordée en raison de son jeune âge.

Délit de contrefaçon.

Existe-t-il, en matière de brevets d'invention, une exception à la règle posée par les articles 59 et 60 du Code pénal ?

Le délit de contrefaçon et les faits de complicité qui se rapportent à cette infraction sont réglés par les articles 40, 41 et 43 de la loi du 5 juillet 1844.

L'article 40 punit le contrefacteur d'une amende de 100 francs à 200 francs, et l'article 41 décide que « ceux qui auront sciemment recélé, vendu ou exposé en vente, ou introduit sur le territoire français un ou plusieurs objets contrefaits, seront punis des mêmes peines que les contrefacteurs ».

L'article 43 prévoit certains cas dans lesquels, outre l'amende, un emprisonnement de un mois à six mois est prononcé contre le contrefacteur et son complice.

La Cour de cassation a décidé à plusieurs reprises, entre autres le 26 juillet 1850 et le 21 novembre 1851, que les articles 59 et 60 ne devaient pas recevoir leur application en matière de délit de contrefaçon.

Nous pensons au contraire qu'il n'y a aucune raison de ne pas appliquer ces articles. L'article 41 en effet punit les recéleurs de la même peine que les contrefacteurs et l'article 43 décide que si le contrefacteur s'est associé avec un ouvrier ou un employé du breveté, cet ouvrier ou employé pourra être poursuivi comme complice.

Provocation publique ou collective s'adressant aux masses.

L'article 60, § 1er, vise seulement la provocation individuelle, c'est-à-dire celle qui a pour but de déterminer des personnes prises isolément à commettre un crime ou un délit.

A côté de la provocation individuelle il y a la provo-

cation publique ou collective qui s'adresse aux masses.
La provocation publique est punie par les articles 23, 24
et 25 de la loi du 29 juillet 1881 sur la presse.

ARTICLE 23.

« Seront punis comme complices d'une action qualifiée crime ou délit ceux qui, soit par des discours, cris
ou menaces proférés dans des lieux ou réunions publics
soit par des écrits, des imprimés vendus ou distri-
bués, mis en vente ou exposés dans des lieux ou réunions publics, soit par des placards ou affiches, exposés
au regard du public, auront directement provoqué l'auteur ou les auteurs à commettre ladite action, si la provocation a été suivie d'effet. Cette disposition sera également applicable lorsque la provocation n'aura été
suivie que d'une tentative de crime prévue par l'article 2
du Code pénal ».

Cet article punit la provocation publique, directe et
suivi d'un crime commencé ou tenté, ou d'un délit consommé. Pour être directe, la provocation doit indiquer
un fait spécial et déterminé, et pour être publique s'être
manifestée par exemple par des discours prononcés dans
des réunions publiques ou par des écrits mis en vente
dans des lieux publics.

ARTICLE 24.

« Ceux qui par les moyens énoncés à l'article précédent auront directement provoqué à commettre lescri-

mes de meurtre, de pillage et d'incendie, ou l'un des
crimes contre la sûreté de l'État prévus par les articles 75 et suivants, jusques et y compris l'article 101 du
Code pénal seront punis, dans le cas où cette provocation n'aurait pas été suivie d'effet de trois mois à deux
ans d'emprisonnement et de 100 francs à 3000 francs
d'amende ».

Nous devons faire les mêmes remarques que pour
l'article précédent en ce qui concerne la publicité et la
provocation directe. Ajoutons que le provocateur est
puni non comme complice mais comme coupable d'un
délit spécial. Nous savons, en effet, que le texte même
de cet article prévoit le cas où la provocation n'a pas
été suivie d'effet. Il n'y a donc pas de fait principal puisque le fait principal n'a pas été commis, il ne saurait
donc y avoir de complicité et le provocateur doit dans
ce cas être regardé comme coupable d'un délit spécial.

L'article 25 punit d'un emprisonnement d'un à six
mois et d'une amende de 16 à 100 francs, toute provocation par l'un des moyens énoncés en l'article 23,
adressée à des militaires des armées de terre ou de mer
dans le but de les détourner de leurs devoirs militaires.

Telles sont les dispositions de la loi du 29 juillet 1881
en ce qui concerne la provocation publique ou collective.

Complicité en matière de banqueroute frauduleuse.

« Avant la loi du 28 mai 1838, dit un arrêt de la Cour de cassation en date du 2 mai 1840, la complicité d e banqueroute frauduleuse, en ce qui concerne les faits de détournement d'actif, consistait, suivant la définition de l'ancien article 597 du Code de commerce, à s'entendre avec le banqueroutier pour recéler ou soustraire tout ou partie de ses biens meubles ou immeubles ; ainsi elle ne pouvait résulter que d'un concert avec le failli ; par une conséquence nécessaire, l'acquittement du failli accusé ne permettait pas de déclarer coupable celui qui était accusé de s'être entendu avec lui pour opérer ce détournement, ces deux décisions étant contradictoires et inconciliables ; la loi de 1838 dans son article 593 a remplacé par des dispositions différentes celle de l'ancien article 597 ; il suffit aujourd'hui en ce qui concerne les détournements, que les biens meubles ou immeubles du failli aient été soustraits ou recélés dans son intérêt pour que l'auteur de ces soustractions ou recélés encoure les peines de la banqueroute frauduleuse, sans que la loi exige qu'il y ait eu concert à cet effet entre lui et le failli ».

Ainsi, aujourd'hui, pour qu'il y ait complicité par recélé en matière de banqueroute frauduleuse, il faut et il suffit qu'il soit constaté que le recélé a eu lieu dans l'intérêt du failli. Peu importe qu'il y ait ou non participation criminelle du failli.

L'article 594 du Code de commerce décide que dans le cas où le recélé n'a pas été commis dans l'intérêt du failli, il est puni des peines du vol, à moins que le détournement n'ait été commis avec effraction car, dans ce dernier cas, on rentrerait dans les termes mêmes de l'article 381.

L'article 60 du Code pénal doit être appliqué à tous les autres modes de complicité de la banqueroute frauduleuse.

POSITIONS

Positions prises dans la Thèse.

DROIT ROMAIN.

I. — Le mari qui a favorisé ou facilité l'adultère de sa femme n'est pas considéré comme complice, mais il est puni *quasi adulter* comme coupable d'un crime spécial le *crimen lenocinii* ou *lenocinium*.

II. — Si une personne sur laquelle une autre a le *jus imperandi* commet un *delictum atrox metu atque exhortatione Domini*, elle est punie, mais elle est punie d'une peine moindre que si elle avait agi *proprio motu*.

III. — Celui qui commet un crime d'après l'ordre d'une personne n'ayant pas sur lui le *jus imperandi* doit être déclaré coupable ; quant au donneur d'ordre, il est à l'abri de toutes poursuites.

IV. — Le recel est un cas de complicité et non un délit spécial.

DROIT PÉNAL.

I. — L'accusé peut se prévaloir utilement de ce que la déclaration du jury porte qu'il s'est rendu coupable de machinations sans la qualification « coupables ».

II. — Le complice d'un suicide est à l'abri de toutes poursuites. Il n'en est pas de même du co-auteur d'un suicide. Ce dernier est coupable de meurtre.

III. — Les duellistes doivent être punis des mêmes peines de droit que les assassins.

IV. — Les complices des soustractions frauduleuses entre époux, veufs, ascendants, descendants et alliés au même degré ne sont pas punissables.

Positions prises en dehors de la Thèse.

DROIT ROMAIN.

I. — L'adoption était une cause de *capitis deminutio minima*.

II. — Le père adoptif *extraneus* est tenu en Droit classique de l'obligation alimentaire vis-à-vis de son fils adoptif. Dans le Droit de Justinien, au contraire, il n'en est pas tenu.

III. — L'adrogé se trouve par l'effet de la *capitis deminutio minima* civilement libéré de ses dettes. Toutefois, il reste tenu d'une obligation naturelle.

IV. — La *justa causa* et la *bona fides* exigées pour l'usucapion ne doivent pas être confondues.

DROIT CIVIL.

I. — L'enfant naturel légalement reconnu peut être adopté par ses père et mère.

II. — La communauté est tenue, sans récompense, des dettes nées des délits du mari ; il n'y a d'exception à cette règle que pour les amendes.

III. — Le créancier qui attaque la renonciation que son débiteur a faite à un droit d'usufruit ou de succession, n'est pas tenu de prouver tout à la fois que cette renonciation lui est préjudiciable et qu'elle est frauduleuse. Il suffit qu'il établisse qu'elle lui est préjudiciable.

IV. — La mère n'a pas droit à l'usufruit légal, lorsque le père, par application de l'article 335 du Code pénal, est déchu de ses droits sur la personne et les biens de ses enfants. La déchéance profite à ces derniers du vivant de leur père.

DROIT COMMERCIAL.

I. — La femme ne peut faire suppléer au refus de son mari, en s'adressant à la justice pour être autorisée à faire le commerce.

II. — Le voiturier perd le privilège qui lui est accordé par l'article 2102 du Code civil par cela seul qu'il s'est dessaisi de la chose et l'a remise au destinataire sans être payé.

DROIT CRIMINEL.

I. — La Cour d'assises jugeant par contumace peut tenir compte des circonstances atténuantes.

II. — L'article 365 du Code d'instruction criminelle qui prohibe le cumul des peines, ne régit que les crimes et les délits et ne peut être appliqué aux contraventions.

Vu :

Le président de la thèse,

Vu :   HENRY MICHEL.

Le Doyen,

COLMET DE SANTERRE.

Vu et permis d'imprimer :

Le Vice-Recteur de l'Académie de Paris,

GRÉARD.

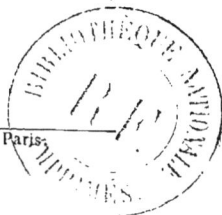

Imp. G. Saint-Aubin et Thevenot, St-Dizier. 30, Passage Verdeau, Paris.

Imp. G. Saint-Aubin et Thevenot, St-Dizier (Hte-Marne), 30, passage Verdeau, Paris.

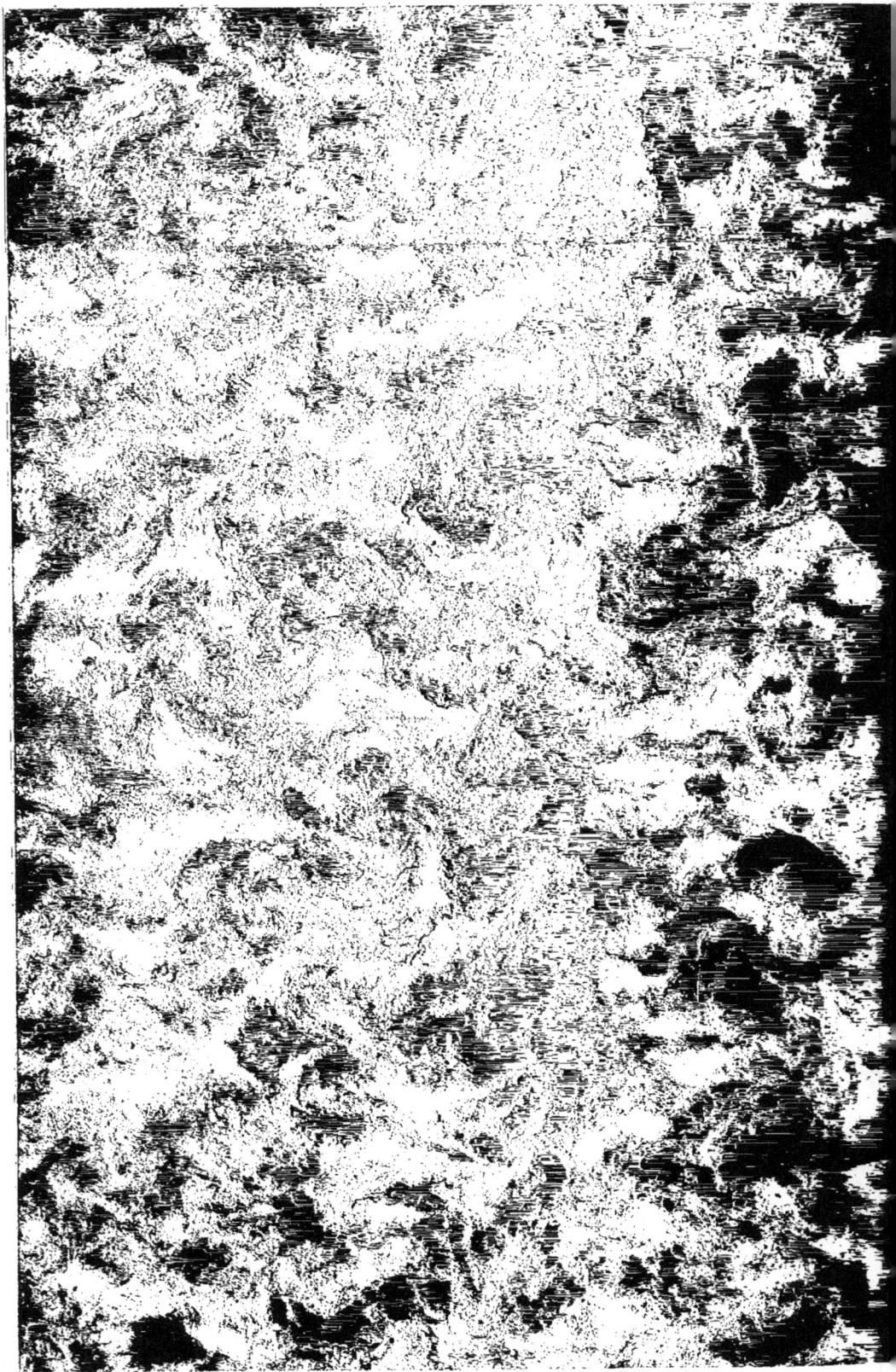

www.ingramcontent.com/pod-product-compliance
Lightning Source LLC
Chambersburg PA
CBHW071842200326
41519CB00016B/4202